U0522161

抢人

数字时代如何快速吸纳精准人才

[美] 芭芭拉·布鲁诺/ 著
Barbara Bruno

姚述　谢名一/ 译

北京联合出版公司
Beijing United Publishing Co.,Ltd.

图书在版编目（CIP）数据

抢人：数字时代如何快速吸纳精准人才 /（美）芭芭拉·布鲁诺著；姚述，谢名一译. -- 北京：北京联合出版公司，2024.8. -- ISBN 978-7-5596-7722-8

Ⅰ. F243

中国国家版本馆 CIP 数据核字第 2024HJ2165 号

© Barbara Bruno, 2021
This translation of High-Tech High-Touch Recruiting is published by arrangement with Kogan Page.

抢人：数字时代如何快速吸纳精准人才

作　者：[美] 芭芭拉·布鲁诺
译　者：姚　述　谢名一
出 品 人：赵红仕
责任编辑：徐　鹏
封面设计：袁　园

北京联合出版公司出版
（北京市西城区德外大街83号楼9层100088）
北京联合天畅文化传播公司发行
北京美图印务有限公司印刷　新华书店经销
字数180千字　880毫米×1230毫米　1/32　7.875印张
2024年8月第1版　2024年8月第1次印刷
ISBN 978-7-5596-7722-8
定价：58.00元

版权所有，侵权必究
未经书面许可，不得以任何方式转载、复制、翻印本书部分或全部内容。
本书若有质量问题，请与本公司图书销售中心联系调换。电话：010-64258472-800

目录

序言   1

第 1 章   首先更新你的聘用流程   1

第 2 章   识别顶尖人才，展开有效沟通   29

第 3 章   通过面试获得顶尖人才   57

第 4 章   与用人单位和候选人确定时间安排   83

第 5 章   发出会被接受的录用通知   107

第 6 章   采取有效手段，减少意外发生   135

第 7 章　加强入职前后对候选人的关怀，
　　　　 争取获得举荐人才　　　　　　 161

第 8 章　创建平衡的招聘方法　　　　　 177

第 9 章　第三方招聘人员如何推销自己的服务　201

　　　　 后记　　　　　　　　　　　　　 227

序言

当我在文法学校就读时,由于我在课堂上经常滔滔不绝,老师们鼓励我把这份口才用于写作故事和诗歌。谁能想到,这种健谈的天性与对写作的热爱,竟成为我涉足招聘行业、培训招聘人员,并最终撰写本书的契机?

多年前,我做出了一个正确的决定——加入招聘行业。作为一名单亲母亲,我深知只有销售行业能提供无上限收入的可能。我曾是一名房地产经纪人,但随着利率飙升 20% 以上,房屋销售变得异常艰难。于是,我转而寻找其他销售工作,并得知招聘公司能够接触到众多未公开的职位。当时,女性的社会角色大多局限于秘书、护士、教师和家庭主妇。学过钢琴的我打字速度每分钟超过 100 个字,但这在求职时并无大用。每次面试,招聘人员总会询问我的打字速度,然而我真正寻求的是销售岗位。

记得被告知没有销售天赋,只能当秘书时,我感到了极大的绝望。因为我知道光靠秘书的薪水无法养育女儿,前夫也不会提供任何财务支持。28 岁的我虽然恐惧万分,但仍决心抵押房产,开办自己的招聘公司。我发誓要以期望被对待的方式尊重和理解每一个人,我决心不将女性的职业局限于传统范畴,特别是要帮助处境与我相似的单亲母亲。实际上,我最初雇用的三名员工皆为人母,也都是家庭的唯一经济支柱。

我创立的第一家公司名为"阳光招聘",这个名字源于我想"为我所代表的人们带去生活中的阳光"。我的主要竞争对手是男性,他们大多曾测试过我的打字速度,并质疑我对销售的理解。我向他们证明,我不仅在房地产领域有着出色的销售业绩,而且不会被他人的观念所局限。我的态度是想给他们一些颜色瞧瞧。然而,尽管我全力以赴地投入到新公司,却发现他们的质疑不无道理。经历了近一年的挣扎后,我终于意识到招聘业与房地产行业截然不同。我需要接受专业培训,否则公司恐将面临倒闭。

在创业之初,互联网和 YouTube 尚未出现,我只能通过阅读来获取关于招聘工作的基本知识。然而,书本无法教会我如何成功运营一家招聘公司。我曾尝试向其他招聘公司的老板求助,却无人愿意成为我的导师。在失望之际,我联系了美国全国人事服务协会(NAPS)寻求必要的培训。他们告诉我将于秋天举办年会,并提供了详细信息，但我不确定我的公司能否坚持到那时。得知我急需前期培训，他们建议我参加在芝加哥举行的为期一天的培训，由知名招聘行业培训师托尼·布鲁诺（Tony Bruno）主持。通过这次培训，我认识到了学习招聘和客户开发流程的重要性。我购买了托尼的培训手册和录像带，包括完整的文字材料和各类表格。接受他的培训并实践所学的流程，帮助我扭转了公司的颓势。

我发誓要终身学习，并每年参加美国全国人事服务协会的年会。多年后，我成了该协会的董事会成员，甚至担任了主席。我还在美国技术服务联盟（TSA）工作，创建了一个认证项目，旨在认证为信息技术、工程和会计专业人员及承包商提供卓越服务的招聘公司。我非常珍视与这些协会的联系，每年都会在美国全国人事服务协会和技术服务联盟的会议上发表演讲。

对我而言，招聘不仅仅是一份工作，它是一种使命，吸引着那些渴望对他人生活产生积极影响并怀抱激情的人。我发现，为公司提供优秀人才，帮助他们实现目标是一件极具回报的工作。同时，我也协助候选人实现职业生涯的发展，这不仅影响他们，也影响到他们所爱的人。通过帮助他人改善生活质量，我的生活也得到了提升，这是一件意义深远的事。在我的职业生涯初期，我就清楚地认识到在健康之外，金钱是对人生产生最大影响的因素。每次我帮助候选人获得更高薪资，我知道这将提高他们的生活质量，并为他们带来更多选择。有钱时，你拥有更多选择；没钱时，选择受限。

我曾在得克萨斯人事咨询协会工作，负责在不同城市进行培训。一次前往得克萨斯州的行程中，休斯敦遭受龙卷风袭击，导致我不得不将原计划中的第一站休斯敦改为最后一站。从机场驱车至酒店的途中，我目睹了成百上千人无家可归，露宿街头。抵达凯悦酒店时，大堂内也挤满了等待办理入住的人。这一幕深深触动了我：有钱人能在酒店里等待，而无家可归者只能在马路上寻找栖身之所。这样的经历让我对自己的职业投入程度达到了前所未有的高度。我意识到自己正帮助人们提高收入水平，过上本应属于他们的生活。我希望我所代表的候选人在面对生活困境时能拥有更多选择。

在出差时，人们常问我从事何种职业。我总是回答："我的职业是让生活变得更美好。"听到我的回答，许多人误以为我从事教育、社会工作或训导工作之类的救助职业。大多数人不会将招聘工作视为一种救助职业，但我却认为它正是如此。在与客户和候选人合作的过程中，我教授招聘人员如何进行面试、提供职业建议、为候选人进行培训，并为那些难以找到理想员工的客户和找不到合适工作的候选人提供疏导服务。我深刻认识到倾听的重要性，并不断提升这一技能。技术的发展极大改变了人们的沟通方式，许多人更倾向于发送信息而不是面对面交谈。当我发现自己成为客户和候选人最佳的倾听者时，我为他们提供的服务也更加优质。同时，我们之间建立起了终身的关系，这种关系对双方都极为有益。

在我30年的招聘职业生涯中，我犯过许多错误。这些错误多数不可避免，代价沉重，限制了我的成功。如今回想，这些错误都是极具价值的学习机会。我希望行业中的其他人不要重蹈覆辙。在我的职业生涯后期，我意识到从他人的错误中学习既明智又划算。

撰写这本书的初衷是分享我整个职业生涯中所学到的宝贵经验，以帮助那些从事招聘工作的人避开工作中的陷阱，并将优秀人才匹配到合适的岗位。对于招聘行业的新手来说，我希望这本书能帮他们避免那些代价沉重的教训。对于经验丰富的招聘人员，我希望这本书能为其提供另外的工具和技巧，助他们更加成功。

你们肯定和我一样，希望通过阅读招聘相关书籍、参与在线课程或出席学术会议来深入了解这个行业的最新技术和知识。在撰写这本书的过程中，我参考了众多其他书籍、文章和课程。目前，无论是在线资源、书籍还是其他形式的资料，关于招聘的信息量都是庞大的，其中一些观点让我感到不安。我曾读到一篇文章，作者建议招聘人员建立一种"控制候选人与用人单位的机制"。你是否还能回忆起上一次别人试图控制你时，你是何感受？或者，作为父母，你是否曾试图控制孩子？控制带来的往往是负面后果。我认为，作为招聘人员，我们有责任在信任的基础上构建良好的关系，这种信任需要通过我们的行为来赢得。我们必须在工作中尽职尽责、全心投入并始终保持一致性，这样我们才能成为所代表的候选人的真正代言人。

我还惊讶于很少有信息资源去关注技术对我们职业带来的潜在负面影响或好处。当我刚进入这个行业时，既没有申请人追踪系统（ATS），也没有客户关系管理系统（CRM），更没有脸书

（Facebook）、推特（Twitter）或领英（LinkedIn）这样的社交平台。甚至连职位公告都很少见，候选人主要是通过阅读分类广告、寄送推荐信或直接打电话来寻找工作。那时，招聘主要依赖于密切接触和建立关系。多年来，我亲眼见证了招聘中高接触的减少和高技术的增加。

尽管我认为用于招聘的各种科技手段非常有用，但我依然反对许多客户和候选人仅依赖技术，通过短信、语音留言、电子邮件进行沟通。事实上，电话沟通或亲自会面往往能取得更好的效果。招聘技术可以提高效率，但它们无法替代建立高接触关系的重要性。毕竟，完成工作的是人，而不是计算机！当招聘过程过于自动化时，优质的候选人可能因为关键词不匹配而在自动筛选系统中被淘汰。在招聘过程中，人与人之间的接触和人性的参与至关重要，特别是如果你的目标是吸引并雇用那些不仅满足于被聘用，而且会全心投入工作，成为长期忠诚员工的优秀人才。

本书的结构如下：

在一个以候选人为主导的劳动力市场中，时间至关重要。第 1 章将解释聘用流程是如何促进或妨碍招聘工作的。我建议及时更新聘用流程的五方面因素，这些因素是许多公司浪费大量时间和精力的地方，也是招聘人员可以发挥重要作用的领域。这五个因素包括用工需求、招聘参数、绩效目标、面试流程和候选人评估。你可能无法直接实施这些变革，但如果你把自己定位为一个劳动力/工作场所专家，为其他参与者提供指导，你就可以鼓励他人进行改革，以提高整个聘用流程的效率。

招聘人员可以为某个岗位提供最匹配的候选人，但如果公司的聘用流程陈旧且低效，就会导致拖延并最终失去最佳候选人。因为优秀的候选人通常会意识到自己的价值，主动寻找其他有竞争力的工作机会。所以，一个高效简洁的新聘用流程可以帮助用人部门更快地面试并招募到最佳候选人。如果你是第三方招聘公司，你将面临与具有不同聘用流程的客户合作的额外挑战。此时，你可以将自己定位为劳动力/工作场所专家，与客户分享信息，向他们证明他们的聘用流程阻碍了对顶尖人才的吸引。当他们认识到改善后的效果时，他们就会自发地去改进聘用流程，这样你不仅提高了工作效率，还将加强与客户的关系。

用人单位期望我们能够寻找到最优秀的人才，而这些人才并不仅限在占全球人才库大约 15% 的迫切候选人的范围内。在第 2 章中，我将讨论如何有效识别优秀人才以及如何与他们沟通。让我感到惊讶的是，大多数招聘人员倾向于采取一种"发布职位并祈祷"的策略，而非积极主动地招募顶尖人才。在为招聘人员进行培训时，我常常听到类似的抱怨：找到合适的候选人非常困难。一个以候选人为主导的劳动力市场，实际上对从事招聘工作的人来说是有利的。对于招聘人员而言，这是最佳时期，因为在全球范围内，顶尖人才始终是稀缺资源。如果轻而易举就能招募到顶尖人才，那么招聘服务的价值也就大打折扣了。然而，你不能仅仅代表那些对网络招聘职位或职位公告做出反应的候选人；你必须去主动招募那些通常已经在岗位上工作的优秀人才（我们可以称他们为被动候选人），他们也会考虑新的工作机会，以促进自己职业生涯的发展。实际上，当我给用人单位做讲座时，常常被问到："招聘公司从什么时候开始不去积极招募人才了？"实际上，用人单位最希望聘用的正是那些已经在岗位上的被动候选人。

第2章将教授你如何识别未来最优秀的员工，如何结合高科技和高接触的方法来找到他们，以及如何进行沟通以引起他们的兴趣去考虑其他工作机会。如果你认为候选人不想与你面谈，或者你目前只是通过发送信息或电子邮件与候选人联系，那么这一章将非常有帮助。你将学习如何与潜在候选人沟通，使他们意识到与你交谈将对他们产生益处。成为一名优秀的沟通者的关键是知道何时倾听以及如何倾听。倾听可以让你了解候选人的需求，还可以帮助你提出有助于了解他们长期目标和工作动机的问题。掌握这些信息将使你在整个招聘过程中成为他们的真正代言人。

如果你之前从未招聘过那些已经在岗的被动候选人，我将分享一些实用的对话脚本，帮助你开始初步的沟通。此外，我还会向你介绍如何应对候选人的抵触情绪。在我的职业生涯早期，面对拒绝，我常会挂断电话，因为我将其视为障碍。然而，随着经验的积累，我意识到拒绝往往意味着候选人需要更多信息，甚至可能是对职位有潜在兴趣的一种示意。要想成功招募最优秀的候选人，你必须学会如何应对拒绝。我会提供具体的指导，帮助你有效应对常见的候选人拒绝方式。

第3章将教你如何进行有效的面试以招募或锁定顶尖人才。为了确保面试的顺利进行，你需要明确自己在寻找什么样的信息，这样才能提出有针对性的问题。在本章中，我将列出面试的五个主要目标，以便你构建结构化的面试问题，这些问题能够为你做出最佳聘用决策提供必要信息。你需要先了解该职位空缺的原因，这意味着你需要了解用人单位希望通过填补该空缺解决什么问题。

你还需要了解哪些因素对候选人来说最重要，他们是否是该职位、该用人单位乃至该公司文化的最佳人选。此外，你还要避免在面试过程中出现情绪化和偏见。我曾注意到一些招聘人员倾向于选择与他们相似的候选人，排除那些与他们不同的人，而在这个过程中，他们并未意识到自己的偏见。不管是选择还是排除候选人，他们总能为自己的决定找到足够的理由。我还发现，一些候选人在招聘过程中表现出色，但被录用后却表现糟糕。我们必须认识到，对大多数人来说，面试都是一个让人紧张的过程，除非这些人具有销售经验或频繁跳槽，从而积累了丰富的面试经验——但这并不意味着他们就是填补职位空缺的最佳人选。

在我的整个职业生涯中，我会根据劳动力市场和人才库的变化不断调整我的面试方法。我制定了一个完整的四轮面试流程，能帮助你快速且公正地评估和比较候选人。除了关注候选人的技能、经验和稳定性，你还将学会如何准确识别他们的软技能和可转换技能。

第4章重点关注的是招聘过程中不同节点的时间和时机。在我的职业生涯早期，我就认识到了招聘本质上是一个关于"时机"的游戏。我很快意识到，我们工作中涉及的双方——候选人和用人单位——经常会改变他们的想法、优先级和时间安排。我经历过这样的情况：候选人在周日晚上给我打电话，说第二天开始新工作对他们来说时机不对。我都不知道是候选人拒绝工作更让我难以接受，还是要向用人单位传达这个令人失望的消息更加困难。

科技的进步使我们能够更快地发现候选人，用人单位也希望我们能更迅速地找到最优秀的人才。这一章将教你如何协调候选人和用人单位的时间表，指导你预测那些可能延缓聘用流程的障碍，比如需要等待几个月完成养老金权益的兑现①，等待获得特定的福利资格，已计划好的假期，以及当前工作中尚未完成的项目。

在第 5 章中，我将教你如何发出能被接受的录用通知。录用通知不仅仅包含薪资和上班日期，它实际上还意味着让候选人去信任你，意味着候选人要在新公司和新职位中面临风险，还意味着你让他们放弃了其他潜在的工作机会。在这一章里，我会帮助你理解和应对可能面临的挑战。挑战可能来自竞争对手，他们想要聘用你的候选人；也可能来自候选人本身；或者来自用人单位。你将学习如何避免录用通知被拒绝，以及应采取哪些规避策略。

在我的整个职业生涯中，我意识到了撰写正式的录用通知、建立跟踪指标体系以及为候选人提供辞职协助的重要性。在书中，我会提供录用通知的文本样本和辞职信的样本，你可以参考这些样本来提高录用通知的接受率。你需要确保候选人知道要提前两

---

① 指美国的养老金计划，由雇主和个人共同承担。但企业承担的养老金并不马上进入个人账户，美国法律规定最长时限为 6 年。——编者注

周向当前雇主提出离职申请。①

在第 6 章中，我会教你如何规避那些可能限制你成功的意外和障碍。我记得在进入招聘行业之前，我是一个喜欢惊喜的人，但在从业后，我发现这些"惊喜"往往变成了"惊吓"。因此，预测并准备应对可能出现的问题变得至关重要。

我还清晰地记得有一位候选人是芝加哥某人力资源副总裁职位的理想人选。她接受了这份工作，卖掉了房子，甚至为女儿们找到了新的公立特许学校。然而，就在搬家的货车到达时，她告诉我她在前一晚改变了主意，决定不搬去芝加哥。在面试时，她曾提到想自己创业，但顾虑到自己是单亲妈妈，觉得创业风险过高。显然，我没有和她深入探讨这一点，否则我可能会发现她对创业非常认真。用人单位对此感到极度失望，我也意识到自己未能做到深入倾听。从那天起，我开始认真倾听，关注危险信号，绝不再犯选择性倾听的错误。我希望你能从我的错误中吸取教训，避免此类经历。

通过对候选人和用人单位进行详细的预先接触，做好面试准备和面试后总结，你可以减少意外的发生。此外，展开举荐人核查也很重要。虽然技术手段可以帮助我们迅速锁定信息，但只有和候选人及用人单位准确地进行预先接触，做好面试准备和面试后总结，才能真正预防意外发生。

---

① 此处为美国相关法规规定的离职时间。按照我国法律法规，劳动者提前三十日以书面形式通知用人单位，可以解除劳动合同。劳动者在试用期内提前三日通知用人单位，可以解除劳动合同。——编者注

在当今以候选人为主导的劳动力市场中，候选人在应聘过程中的经历和体验变得尤为重要。如果候选人在招聘过程中不满意或不愉快，他们可能会通过社交媒体将这种体验传播给成百上千的人，从而影响你吸引最优秀人才的能力。关注候选人的目标和动机，有助于招聘人员与候选人建立信任和良好的关系。大多数招聘人员在候选人被雇用或安置后的跟进和关照方面做得并不好，这也是没有人向他们举荐更多优秀候选人的主要原因。在第7章中，我将教你如何关照候选人，帮助你获得更多顶级人才的举荐信息。我每周会致电数千名求职人员，听取他们的提问，从这些问题中可以看出许多候选人感觉我们招聘公司只关注用人单位的想法。如果你在安置了候选人之后，对其不理不睬，就恰恰验证了他们的想法。

在第7章中，我强调了招聘人员与候选人保持紧密联系，为其提供关照，助其度过新工作的第一日至关重要，因为他们提交离职通知后的这两周时间充满了变数。此时，招聘人员担当了重要的角色。候选人刚开始新工作，离开了他们的舒适区，正开启一段未知的旅程。作为招聘人员，你可以通过为其指定导师、建立定期沟通、回答他们在新岗位上遇到的问题等方式来支持他们。

我曾帮助一位人力资源专员在一家《财富》杂志"世界500强"公司获得人力资源主管的职位。这份工作工资更高，责任更大，让她的职业生涯向前迈进了一步。不仅如此，该公司还将人力资源视为其战略部门，帮助公司提高员工的工作热情和忠诚度。可是在一次后续跟进中，这位候选人让我们帮他寻求其他工作机会，原因是虽然同为人力资源专员，现在的工作收效远不如原来。于是我们联系到她的上司，即人力资源副总裁，得知这位上司因为近期被诊断出癌症，担心自身的健康，就将一些烦琐的工作推给了我们的候选人。我们建议这位副总裁减少工作量、减轻工作压力，把一些工作委派给这位候选人去做。之后不到三个月，人力资源副总裁请假休养，我们的候选人开始承担更多工作职责。不到一年，这位候选人升职为人力资源副总裁，她对我们在其工作初期帮助解决困难表示感谢。

为候选人提供关照不仅对他们的个人成功至关重要，还可能为你带来其他收益。与候选人保持联系并关照他们，他们就可能会向你举荐其他合适的候选人。实际上，你所代表的人才中大约40%应该来自举荐。学习如何实现这一目标，并从你新聘用员工的举荐中受益，至关重要。此外，如果用人单位发现你帮助他们找到的员工能投入工作并长期留任，他们就会更愿意继续委托你寻找其他合适的候选人填补职位空缺。

第8章讲述了如何培养有助于成功的思维方式和技能。作为招聘人员，你将不可避免地面临挑战、拖延和挫折，这些可能会让你难以持续保持工作动力，无法获得平衡。在我的职业生涯中，我管理和培训了成千上万的招聘人员，发现那些最成功的招聘人员通常都持有积极的态度和思维方式，即便面对的是极具挑战性的情况。成功的招聘人员不是那些埋头苦干的人，而是那些拥有正确态度并不断地从错误中学习的人。拥有积极的态度，你就能将挑战视为学习的机会，更好地应对挑剔的用人单位和候选人，关注重要的事情，更有效地管理时间，积极的态度还可以让你更好地为自己的工作负责。我会列举一些关键因素，帮助你判断自己的招聘工作是否成功，是否做到对工作尽职尽责，是否做到积极地迎接在招聘这一神奇行业中随时会遇到的变化。

　　本书还包含在线资源，提供了录用通知样本、招聘文案、空缺职位申请表、面试评分卡、理想员工特质列表，以及九步电话面试流程等。

　　我希望本书能激励你终生致力于招聘行业，过好自己的一生，改善他人的生活。你可以通过领英与我分享你对招聘工作的那份热情，我也非常期待聆听你的成功故事！

HIGH-TECH
HIGH-TOUCH
RECRUITING

第 **1** 章
首先更新你的聘用流程

How to attract and retain the best talent
by improving the candidate experience

招聘行业正在蓬勃发展。据估计，全球公司在吸引和保留优秀人才上的投资高达2000亿美元。越来越多的公司竞相招聘具备技术能力和软技能的高技能人才，对这类人才的需求还在持续增长。对于招聘人员来说，你们在帮助公司吸引和留住顶尖人才方面的技能变得愈发重要。

然而，招聘只是整个聘用流程中的一个环节。作为一名拥有30年招聘经验的资深专家，我所在的公司帮助了成千上万的候选人找到了合适的工作。我想分享的是，若想吸引那些全心投入并能长期留任的优秀人才，仅依靠优秀的招聘人员是不够的。我亲眼见到一些公司花费巨资聘请招聘人员、使用复杂的招聘技术，却因为冗长的申请流程和多轮面试让候选人感到疲惫，造成了候选人的流失。

为了确保你所在的公司或你所服务的公司的聘用流程有利于招聘工作而不是成为阻碍，你可以建议他们采用高科技和高接触的方法，定期评估和更新聘用流程。虽然最新的科技软件可以帮你快速寻找到合适的候选人，但创建聘用流程离不开人际交往，依靠人际交往，公司才能招到可以帮公司实现目标的人才，才能让招聘人员吸引候选人，才能让职位要求满足公司股东的需求，也能让候选人有愉快的招聘体验。

审视一下你目前所采用的聘用流程，如果你是第三方招聘人员，那么认真思考你客户所采用的聘用流程，然后回答以下几个问题：你是否曾因为复杂冗长的面试流程而错失顶尖人才？你是否经历过因用工需求未能及时更新而招聘到自认为合格的员工？你是否与用人部门经理在绩效目标方面难以达成一致？是不是所有用人部门经理都用同一标准来评估候选人？认真思考上述问题，如果你对某些问题的回答是肯定的，就要意识到：会破坏你填补职位空缺的聘用流程的问题就出现在这里。你要将这些问题转达给能够推动改革、改善当前聘用流程的决策者。与他们谈话时，要强调改革所带来的好处，以及不采取行动可能会造成的金钱和人才方面的损失。这样做，你就能加速改革的进程。

在我的招聘生涯中，我发现很多公司在聘用流程上存在时间、精力和金钱的极大浪费，主要体现在以下五个方面：

1. 用工需求

用工需求是整个聘用流程的规划蓝图，然而遗憾的是，这些蓝图往往显得过时、乏味而重复。大多数用工需求仅仅是对所需技能、资历、经验和教育背景的简单罗列。

2. 招聘参数

许多公司的灵活工作时间、居家办公或薪酬福利政策已显陈旧,这无疑会对招聘工作造成不利影响。

3. 绩效目标

如果能提前确定绩效目标,让聘用流程的所有参与者都能明确对新员工有何期望,就能做到既节省面试时间,又缩短选人时间。

4. 面试流程

事实证明,将面试流程控制在四轮以内是最有效的。这能将公司招聘时间平均缩短约两周,为员工和候选人节省数百小时的面试时间。

5. 候选人评估

当多人参与评估候选人时,评估要做到标准一致、统一,做决策时要避免受到情绪和偏见的影响。

用工需求

用工需求也像是一种营销工具,它不仅要明确表明公司需要何种人才,还要让潜在候选人了解公司文化,以及职位能带来的职业发展和成长机会。如今,"千禧一代"① 会成为你的主要招聘对象,他们渴望了解职位涉及的日常工作任务、面临的挑战、成

---

① "千禧一代"(millennials),指出生于 20 世纪后期,在跨入 21 世纪以后达到成年年龄的一代人。这代人的成长时期,几乎和互联网/计算机科学的形成与高速发展时期相吻合。——编者注

长机会，以及他们的工作会对公司目标和使命产生怎样的影响。

遗憾的是，大多数传统用工需求仅仅列出了职位所需的技能、资历、经验和教育水平，并以此为条件筛选候选人，而不是识别顶尖人才。如果你的目标是招聘顶尖人才，单纯基于技能的用工需求可能会让你处于不利地位。思考一下，新员工入职后需要完成职位描述中列出的各项任务。但随着他们在工作岗位上不断成长，他们会运用其他技能，以不同方式实现更多附加价值（回想一下你自己做过的工作，你刚工作一个月和一年后，承担的责任增加了多少）。管理者愿意看到员工贡献更多附加值，他们甚至希望任何做此工作的人都具备这些额外技能。然而遗憾的是，这些用人部门实际需要的额外技能，通常未能在用工需求中获得及时更新。

仅用技能列表来描述某一职位，是无法吸引顶尖人才的。作为招聘人员，你面临的挑战是要寻找与前任具备相同技能的新人。然而，如果你真的招聘到了具备特定技能、有类似工作经历的候选人，他们却很可能不看好这个工作机会。事实上，他们很可能会将其视为平级调动，担心接受这份工作可能限制自己的成长空间。因此，如果你依据某些特定技能去挑选候选人，往往会因为工作缺少挑战性而失去他们，造成高成本的人员流失。如果你推出的候选人这样草草离场，会直接影响到你作为招聘人员的成绩。

留住员工不仅对招聘人员至关重要，对用人部门的长期成功也极为关键。据人力资源管理协会统计，员工流失会对公司产生巨大的影响，每一次员工离职的成本大约相当于该员工一年收入的三分之一。

为确保所聘员工长期留任并全心投入,你需要定期审核用工需求,确保它既能反映公司需求,也能吸引候选人。用工需求应具体关注以下几个方面:职位名称、绩效目标、日常职责、资历和经验、公司文化、使命及价值观。

职位名称的确定

在当今这个充满竞争、不断变化的劳动力市场中,单调的、标准化的职位名称很难吸引候选人。我最近受一家公司委托,负责招聘两位经验丰富的销售人员。该公司特别强调,他们希望招聘两位女性销售人员。理由是目前销售团队绝大多数为男性,而他们的主要客户群体却是女性。更重要的是他们的一位目标客户要求他们派出女性销售人员,因为那是一家由女性领导的公司,更愿意与女性销售代表交流其需求。但是我的客户无法满足这一要求,因为团队中唯一一名女性已于近期离职,目前的销售团队全部由男性构成。于是接下来,我向客户说明团队中如果只有一名女性会出现哪些问题。最终我们决定,针对三个职位空缺至少招聘两名女性。

首先,我和公司的副总裁讨论了职位名称的问题,指出将销售人员(英文写作 salesman,其中 man 表示男性)作为职位名称不利于吸引女性员工的加入。于是我们探讨了销售所涵盖的所有职责,发现在复杂程度、职能及目标客户或客户如何看待这些职责上,人们的理解都存在一定差异。接下来,我们从绩效目标的角度出发,重新审视了这一职位,决定将职位名称从"销售人员"调整为"业务开发经理",公司已有的全部销售人员也都改用了这一名称。这件事对公司产生了积极的影响,让其将重新审核所有职位名称纳入了工作流程。最终,公司成功吸引并聘用了三位经验丰富的女性业务开发经理。她们一直表现优秀,不断地完成或超额完成预期的绩效目标。"业务开发经理"这个名称虽然听起来不够创新,不像"握手大师"那样有趣,但却远比"销售人员"更有效,更能吸引合适的候选人。

如果你的目标是吸引具有创新精神和开拓思维的新人,那么为什么要给他们一个墨守成规的职位名称呢?一个有吸引力的职位名称和一个有吸引力的品牌名称一样,都能激发候选人对工作的兴趣和期待。如果你希望公司宣传部门增加公司的新闻曝光度,为什么不在职位名称上面有所体现,去设立一个名为"媒体大使"的职位呢?这与用"蟋蟀"命名虚拟商务电话服务有异曲同工之妙。同样地,如果你希望客服人员或前台接待人员能热情接待所有来访者,展现你公司的文化和价值观,为什么不像霍顿米夫林出版公司那样,创建一个名为"第一印象主管"的职位呢?

为了招聘到有创造力、开拓进取的新人,需要考虑为他们设置不同寻常的职位名称。请参考表1-1中的例子。

表 1-1　创意性职位名称

传统职位名称	公司	创意性职位名称
行政助理/办公室主任	底特律风投公司	催化剂
主页特色项目经理	易趣	首席策展人
进程战略家	福特汽车公司	全球趋势与未来领导人

确定绩效考核标准

明确绩效考核标准，可以让用人部门经理、招聘人员、候选人等所有参与聘用流程的人员都能了解究竟需要什么样的人才，以及如何评价绩效完成情况。你在设计或修改用工需求之前，要向用人部门经理提出一个关键问题："半年或一年后，您会以何种标准评估这个人？"并以此为依据编写用工需求。

提前确定绩效目标，可以让聘用流程的所有参与者准确了解对新人有哪些期待。这不仅能节省面试时间，还能减少选人时间。而在候选人成功入职后，绩效目标又会是他们取得成功的指引。此外，绩效目标不仅是员工年度绩效考核的基础，也是薪酬晋级的重要考量因素。

阐述日常工作职责

"千禧一代"是目前劳动力大军的主力。你在撰写用工需求时，一定要准确描述职位的日常工作职责、期望取得的成果及绩效目标；同时还要阐明该职位如何与部门、团队和公司相互融合。此外，你要做到表述简洁明了，让候选人一眼就能捕捉到关键信息以判

9

断自己是否符合要求，对该职位是否感兴趣。

确定职位所需资历和经验

绩效考核标准可以作为确定资历和经验的重要参考，但需要注意的是，在筛选候选人时不能过于严格。如果发现候选人曾经从事过类似的工作，即使其经验并未达到要求，也不应该轻易将其淘汰，他们或许能够成为顶尖的员工。因此，了解顶尖员工所具备的特质，对于招聘人员来说至关重要。这些特质通常包括升职速度快、加薪速度快、因业绩突出而备受关注，以及可以承担超出其职位和经验水平的职责。

分享公司文化、使命与价值观

对于许多潜在候选人来说，公司文化、使命与价值观和薪酬待遇同样重要。候选人都希望自己未来工作的环境不仅舒适，还有友善的同事，有自己可以认同的公司使命与价值观。候选人会从多方面去感受公司文化。例如，如果公司为员工提供职业发展机会、导师指导、内部提拔等，这说明这家公司旨在吸引那些未来能够在公司中实现职业成长的人。以此类推，如果公司提供健身设备、为员工办理健身卡、提供营养便餐或午餐，这表明公司致力于吸引并留住那些追求一种健康而平衡的生活的员工。

在制定用工需求时，你一定要将能反映公司文化的信息融入其中，以吸引你需要的理想候选人。如果公司办公氛围较为随意，你可以在用工需求中提及在公司可以着休闲装，对宠物友好。如果涉及高度虚拟的公司，或者要招聘的是不在附近居住的稀缺人才，你就要提到灵活的工作时间和居家办公政策。这些信息对于传递公司价值观至关重要，应该作为职位描述的重要组成部分。虽然这些内容未必会吸引所有候选人，但是一定会吸引到合适的候选人——不仅符合要求，还将在你的公司文化中茁壮成长的候选人。

整合所有部分

如果我们能够做到定期更新用工需求，并在撰写用工需求时考虑到公司和候选人的需求，那么它就会成为一种战略营销工具。它不仅能够吸引到顶尖人才，还能节省宝贵的面试时间。表1-2提供了一份用工需求样本，其中包含了吸引顶尖人才所需的所有标准。

表1-2 用工需求样例

职位名称：梯度风险投资公司（Gradient Ventures）人才伙伴
公司文化与使命 　　我们的使命是汇集全世界的信息供大家获取和使用。我们的公司文化是提供真正灵活的工作环境，自由发挥创意，构建一个有趣且对狗狗友好的工作场所。我们共享公司价值观，持续创新，互相信任，关注员工的需求和愿望。我们重视提升员工心智，设定明确的目标，关注员工的幸福。 **岗位职责** 　　谷歌因技术、产品和服务的创新，以及背后的人才力量而闻名于世。作为招聘团队的一员，你的工作职责是要寻找那些拥有企业家精神、具备多样性思维的有趣候选人。你要指导候选人完成整个聘用流程，让他们了解在谷歌工作的奇妙之处。你要具备创新和奋斗精神，与候选人和用人部门经理建立起长期联系。你还要熟悉数据处理，能够解读和分析数据，使聘用流程更加智慧和高效。 　　梯度风险投资公司是谷歌旗下一家以人工智能为重点的种子阶段风险投资基金。人才是公司成功的关键，因此招聘到最适合的团队十分重要。作为人才伙伴，你要主导公司人才职能的方方面面，为公司带来战略思维和风投伙伴特有的洞察力与严谨作风，展现出高级猎头伙伴独特的人际关系能力。你将在梯度风投的决策与内部运营中起到重要支持作用，还要作为公司代言人出席行业活动。 　　用"很棒"来形容我们的人员运营团队（你可能称之为"人力资源"）是远远不够的。我们的团队是由完全平等的人力资源专家、公司前顾问和分析师组成的，我们是谷歌多彩公司文化的倡导者。在人运部，我们秉承"发现人、培养人和留住人"的理念。我们要把全球最有创意的人才招聘到谷歌工作，并为他们提供有助于他们发展的项目。我们正在以数字驱动的方式重塑人力资源领域，其中包括招聘未来的谷歌人、完善人才培养核心规划、培养人才，以及为谷歌人注入生活乐趣。 **绩效目标** 　　1. 评估人才需求：与梯度投资旗下公司的创始人密切合作，深入了解每家公司的独特差异和文化，推动产生能改变公司发展轨迹的成果。

续表

2. 创建及领导人才项目：以独特的视角，为梯度投资找到新一代人工智能创业者、公司及管理人才。

3. 制定高管人才战略：运用在人力资源/人才、运营和风险资本与私募股权领域的专业知识，确定并实施策略性的人才战略，影响公司创始人和高管的决策。

4. 梯度投资运营战略：协助制定和实施梯度投资的运营战略。

5. 引领社区参与：主导社区参与倡议，扩大梯度风投核心团队，以及增加其下属综合投资公司的数量。

最低资历要求

- 具备文学/理学学士学位，或具备同等实践经验。
- 在风险投资或私募领域拥有长达 9 年的专业工作经验，或在投行拥有相关经验。
- 曾为基金公司早期员工，曾为科技创业公司创始人或曾在初创公司从事运营工作。
- 具有人才招聘、组织设计、商业咨询和/或指导及开发的经验。

理想的资历要求

- 具备科学、技术和工程学士学位并且/或具备硕士学位。
- 曾运用关系、专业知识和数据为他人带来影响，具有管理利益相关者的能力。
- 有在科技行业（尤其是互联网、媒体、客户服务软件和硬件行业）做产品管理的经验。
- 拥有沟通和人际交往能力，能够证明自己有能力主动建立富有成效的关系。
- 能够创立并牢固构建复杂的关系网络，做到全面解决问题，抓住机遇。
- 具有分析问题和解决问题的技能；能够分析数据，判断趋势，在分析的基础上给出行动建议。

定期审核更新

手握一份用工需求的撰写模板还不够，接下来你还要定期审核和更新用工需求。在半年或一年后，你可以通过以下问题来判断你的聘用流程是否变得更为有效：

- 招聘启事是否吸引到了更高素质的候选人？
- 我录用的候选人的水平是否有所提升？
- 职位空缺是否被迅速填补？
- 受聘新人中，有多少最终成为对工作投入且生产力强的员工？

通过不断的审核和修正，你将不断优化自己的招聘工作，提高成功填补职位空缺的能力。

招聘参数

招聘参数是指职位描述中由公司政策决定的、基本没有协商空间的部分。如工作时长（每天工作12小时还是8小时）[①]、办公地点、公司是否提供汽油补贴或交通补贴、公司采用的办公软件或系统，以及公司薪酬和福利体系等。在招聘过程中，发现并解决这些参数可能会带来的问题，可以节省招聘时间。招聘工作中，

---

① 此处介绍的是美国的工作时长。我国实行劳动者每日工作时间不超过八小时、平均每周工作时间不超过四十四小时的工时制度。——编者注

两个最常见的影响参数是办公地点和薪酬/福利。如果你是第三方招聘人员，一定要了解所有用人部门的招聘参数。

办公地点

如果你所招聘的职位需要每日到岗，那么公司所在位置可能会是把双刃剑。如果公司位于偏远地区，缺乏公共交通或通勤时间很长，你就要另辟蹊径去招聘人才。你可以先去研究公司现有顶尖员工的资料，然后从当地的相似行业中寻找潜在人才。在建立了本地人才渠道之后，你还要定期与他们保持联系，这样当他们考虑换工作时，会首先想到你。

此外，你还可以持续而有效地出现在网络和社交媒体上，宣传为公司工作的种种好处，发布员工分享工作体验的视频。这样，你就能将阻碍招聘工作的因素弱化，强化吸引人才的一面。

公司还可以为员工提供交通福利，以应对位置偏远或公共交通不便的问题。公司可以制定有效的交通补贴福利方案，可以拿出一部分税前资金去支付拼车费用，也可以设立交通专项资金，作为员工福利去承担员工的通勤费用。此外，公司还可以鼓励员工之间共享交通工具或与交通部门合作为员工提供培训，了解更多可选择的通勤方式。公司可以考虑为高管提供工作日住房和周末通勤工具。低级岗位则可以考虑与劳务派遣公司合作，如果所用的临时工较多，可以覆盖住交通成本，这些公司往往会提供交通服务。

此外，你还可以建议员工搬迁。你可以用偏远地区生活成本低，拥有更好的教育、住房和设施，去吸引生活在城市中苦于高成本的候选人。你可以与当地商会、教育部门和房产机构专业人士合作，请他们解释搬迁到当地的益处。值得注意的是，84%的"千禧一代"愿意为了工作而搬迁。他们大多租住在公寓中，搬迁对他们来说并不复杂。实际上，82%的"千禧一代"认为，如果想获得职业发展，搬迁在所难免。

最后，建议每年对所有职位重新评估，判断是否有必要要求员工在岗工作。随着技术的不断进步，许多工作职能已经可以居家完成。因此，若将在岗和远程工作结合起来，会吸引更多的顶尖人才。

薪酬／福利

评估公司整体薪酬方案要考虑到诸多因素。例如，在争取稀缺人才时，尽管竞争对手给出了更高的薪资，你仍然有机会吸引那些更看重其他福利待遇的候选人。提供医疗保险／为员工家人提供医疗保险、公司食堂或其他餐食计划，以及提供公司外部培训等，都是整体薪酬方案的组成部分。

此外，福利待遇也不一定是昂贵的项目。在当前劳动力市场中，候选人最为关注的福利待遇是工作与生活更好的平衡。其中，在线工作以及灵活的工作时间安排是候选人最为重视的两个福利。实际上，雇主也会从这种灵活用工安排中受益。许多雇主发现，灵活的工作时间可以增加整体工作时长。例如，部分员工选择上午10点至晚上7点工作，而另一些员工则选择早上8点至下午5

点工作。

虽然公司文化不属于薪酬或福利待遇，但当候选人面对多个录用通知时，公司文化还是会发挥重要的作用。我在达拉斯设立办事处时惊讶地发现，许多优秀的候选人会选择为西南航空公司（Southwest Airlines）①工作，哪怕其薪酬水平不是当地最高的。他们看重的就是公司文化。公司文化是西南航空公司的运营核心，他们甚至专门设立了文化服务部，以确保每个员工都明白自己对公司的重要性。公司对此给出的解释是："我们的文化融入了公司运营和员工生活的方方面面，既涉及员工要以何种方式相处，还涉及公司以员工利益为重的态度。"此外，西南航空公司还积极参与社区活动，赞助当地的庆祝活动，关注员工的人生大事和里程碑事件。

要想克服招聘过程中会出现的障碍，你需要了解候选人所重视的事，并在关注其需求的同时传达公司的关注点。尽管金钱是满足生活开支的必要条件，但在"对"的候选人眼中，其他福利待遇可能比高薪更加重要。因此，采用高接触的招聘方式可以让公司在满足自身需求的同时，也能满足"对"的候选人的需求。

绩效目标

绩效目标概述了职位要求达到的预期成果，并界定了员工成

---

① 西南航空公司的总部位于达拉斯。——译者注

功的标准。设定明确的绩效目标可以让候选人知道需要取得哪些具体成果才算成功,避免招聘人员浪费时间。此外,绩效目标还为潜在候选人确定了绩效预期,让他们可以快速判断是否对该职位感兴趣或是否能胜任工作。

十多年前我向客户索要绩效目标时,发现客户提供的传统用工需求与完成绩效目标所需技能之间存在巨大脱节。这就好比雇主抱怨员工没有达到预期,而实际上,他们可能并没有明确告诉员工他们所期望的到底是什么。于是我意识到,这可能就是员工工作热情不高、离职率高的原因之一。当时,我为了获得绩效目标这一额外信息,曾向用人部门解释说从一开始就了解绩效目标会提高我所招聘的人才的质量。相信你也能像我一样能从中受益。

职位不同,绩效目标也会有很大差异,但是无论如何,你一定要向候选人说明要怎样做才能获得成功。表1-3中列出了设置绩效目标所需的八个步骤。

表1-3 撰写绩效目标的八个步骤

第一步	明确6~8个主要目标	准确阐述为了确保成功要实现哪些目标
第二步	确认为了实现主要目标需要做些什么	把每个主要目标分解为2~3个小目标
第三步	找出需要解决的问题	了解问题是什么,找到解决方法
第四步	为每个目标确定行动计划	创建具体时间表
第五步	描绘团队动态	列出并理解哪些动态可以促进或阻碍绩效目标的实现

续表

第六步	确定优先级和时间框架	审核行动计划,确定优先级及最后期限
第七步	确定短期目标	在考虑长期目标的情况下,确定必须达成的阶段性短期目标
第八步	确定长期目标	制定战略性思维和实施方案等,为实现长期目标提供明确的时间规划

最好的绩效目标要符合 SMART 原则——具体（specific）、可度量（measurable）、可实现（achievable）、和绩效相关（relevant），以及有时限性（time-bound）。绩效目标应具体体现出需要解决的问题、解决方式、可交付成果的时间表，以及概述如何衡量成功。参考表 1-2 的用工需求，看看可以如何完善梯度投资人才伙伴职位的绩效目标。表 1-4 列出了一个参考答案。

表 1-4 梯度投资人才伙伴职位绩效目标设置建议

版本一：绩效目标	版本二：SMART 绩效目标
1. 评估人才需求 与梯度投资旗下公司的创始人密切合作，深入了解每家公司的独特差异和文化，推动产生能改变公司发展轨迹的成果。	与创业者会面，深入了解每家公司的独特差异和文化。做差距分析，确认主要聘用目标和现实情况之间存在的差距。优先考虑能够改变公司发展轨迹的成果。了解有待实施的战略，完成最能影响公司整体发展的战略目标。明确预计录用日期。
2. 创建及领导人才项目 深入探讨梯度投资未来所需的新一代人工智能创业者、公司及高管人才，并积极挖掘这样的人才。	展开调研，找出并深入了解新一代人群。同时能识别出人工智能领域的创业者和公司。为梯度投资公司积极寻找高管人才。每月提交详细的成果报告和后续的行动计划。

续表

版本一：绩效目标	版本二：SMART 绩效目标
3. 确定高管人才战略 运用在人力资源/人才、运营和风险资本与私募股权领域的专业知识，帮助公司确定并实施有效的高管人才战略，从而影响公司创始人和高管的决策。	与创始人和高级领导层分享人力资源/人才、运营、风险资本与私募领域的知识。将数据分析引入公司高管人才战略，进而对高管层的决策产生影响。每月都要提出具体的建议，并对人才战略的实施结果进行密切监控。
4. 梯度投资运营战略 协助制定和实施梯度投资的运营战略。	帮助制定梯度投资运营战略，说明如何运用资源来支持公司战略。确定战略之后，给出明确的时间安排。
5. 引领社区参与 主导社区参与倡议，扩大梯度风投核心团队，以及增加其下属综合投资公司的数量。	

撰写绩效目标时，越精准、越详尽，就越能够节约聘用流程所用的时间，明确如何去界定成功。通过精准而详尽的绩效目标，招聘人员可以专注搜寻具有合适资历的人才，追踪可以证明其工作业绩的记录。这既可以让候选人清楚地知道要想成为业绩突出的人才应该做些什么，让他们可以迅速判断自己是否对职位感兴趣，同时也为用人部门经理提供了新员工的绩效评估方法。

面试流程

面试是聘用流程中至关重要的环节。公司通过面试与候选人建立联系并评估其能力，同时候选人也可以借此了解自身技能是否适合该公司，以及自己是否对该公司感兴趣。面试流程要全面才能有效。在竞争激烈的劳动力市场，一定要让候选人快速、高效地走完面试流程。技术手段可以帮助加速面试流程，在初试阶段，公司可以使用视频会议、Skype①或电话面试，既省时又省钱。面试反馈应存档，并可在申请人追踪系统或客户关系管理系统中做后续细节安排。

  困扰用人部门的最大问题之一，就是如何确定面试流程周期的长短。有些雇主只需进行1次面试就能发出录用通知，而有些则需要多达8次的面试。据说，谷歌采用的是最先进的"四轮面试原则"。作为全球最受欢迎的工作场所，谷歌每年会收到超过300万份工作申请，但只有约0.2%的人被录用。谷歌通过分析5年多来收集的面试数据，衡量每一位面试官面试反馈的价值，进而确定了最佳的四轮面试原则。研究表明，"四轮面试足以预测一个人是否适合该职位"。将面试流程精简到四轮，就可以将聘用流程平均减少两周。谷歌的一位招聘创新经理表示，这一举措可以为员工节约"数百小时的面试时间"。

  为了确保候选人能够积极投入并充满热情，一定要将面试流程控制在四轮。尽管你可能无法亲自实现这一点，但你可以与用人部门经理进行沟通，向他证明过长的面试流程既造成人才流失，又导致成本浪费。通常情况下，四轮面试包括电话面试、由用人

---

① 一款即时通信软件，具备视频聊天、多人语音会议、多人聊天、传送文件、文字聊天等功能。——译者注

部门经理和未来同事共同参与的小组面试、在岗面试，以及由用人部门经理主持的最终面试。

采用四轮面试原则时，一定要确保包括候选人在内的每个参与者都明确每轮面试的目标。例如，在初次的电话面试阶段，招聘人员的主要目标是评估候选人是否符合招聘条件，是否应推荐其参加下一轮面试，以及向候选人提供清晰的职位和公司介绍，同时评估其沟通能力、综合能力和对公司的感兴趣程度。在此阶段，招聘人员应警惕任何可能存在的危险信号，这些信号包括可能让候选人出局的经历、招聘参数或绩效目标。招聘人员要让候选人在电话面试之初就清楚绩效目标，以便面试时更能突出重点，准确地判断出候选人是否能够进入下一轮面试。

第二轮是小组面试。面试小组最多由 4 名面试官组成，这些面试官会在候选人入职后与其有直接或间接的工作往来，所以他们都希望能找到最好的人。小组面试的目的是通过多角度的评价和反馈来全面评估候选人。

如果候选人能从前面的选拔中脱颖而出，我们将安排第三轮在岗面试[①]。在岗面试的主要目的是让候选人亲眼目睹工作场景，进而想象自己未来的工作状态。从我公司的经验来看，在岗面试是招聘到顶尖人才的关键。多年招聘的经验告诉我，听别人谈论工作与亲眼目睹工作全过程有着天壤之别。在面试招聘人员时，我们会让他们观察我们的招聘团队如何给潜在候选人介绍情况。

---

① 在岗面试这种情况在中国比较少见，且在岗 1 天无薪可能涉及违法。——编者注

其间，许多候选人会惊讶地发现，原来招聘人员在工作中会遭遇到如此多的拒绝、阻碍和反抗。他们还发现一些候选人更喜欢通过电话，而不是邮件和短信与招聘人员进行沟通。在岗面试是我公司聘用流程的重要环节，它能够帮助我们筛除掉那些可能不适合的候选人。

最终面试应由拟聘用员工的部门经理主持。此次面试的主要目的是评估该候选人是否与公司文化和核心价值观契合，能否融入部门团队，以及能否与团队成员和谐相处。此外，候选人也可以借此机会澄清自己的疑虑，确保自己能够适应该职位、公司文化和团队环境。

评估候选人

我建议建立一个候选人评估体系，对面试反馈进行量化，让决策不带有任何情绪和偏见。如果操作得当，这个体系不仅可以帮助我们找到最合适的候选人，还可以让未来的主管在他们入职后对他们有更深入的了解。

我建议为每个职位设计一个面试计分卡（见表1-5）。该计分卡应该列出绩效目标、技术技能和软性技能等关键指标。计分卡上的信息应根据绩效目标和职位特征进行个性化设计，采用便于计算的1~5分的记分制，赋予每个分值明确的标准，确保所有参与面试的人都采用相同的标准（我的经验表明，使用统一标准的评估体系可以提升团队面试和评估人才的能力）。此外，计分卡应包含备注栏,以便面试官记录计分卡未能涉及的候选人的优势、技能和才华。这些素质对未来的工作可能同样重要。最后,计分卡还应包括问题栏,供面试官记录候选人任何异常的肢体语言或含糊不清的回答。

表 1-5 面试计分卡

候选人姓名:＿＿＿＿＿＿＿＿＿＿＿＿＿＿＿ 日期:＿＿＿＿＿＿
面试职位:＿＿＿＿＿＿＿＿＿＿＿＿＿＿＿＿＿＿＿＿＿＿＿＿＿
面试官姓名:＿＿＿＿＿＿＿＿＿＿＿＿＿＿＿＿＿＿＿＿＿＿＿＿

用 1~5 分对候选人进行打分（5 分为最高分）

评分项	面试打分（1~5）	受聘后表现（1~5）	差距	采取措施
绩效目标 1				
绩效目标 2				
绩效目标 3				
绩效目标 4				
绩效目标 5				
绩效目标 6				
技术技能				
软性技能具体表现: • 沟通能力 • 人际交往/团队合作能力 • 组织能力 • 解决问题能力				
总分:				
平均分:				

评分标准:

5– 候选人精通本领域，只需要有限培训或无须培训
4– 候选人做过类似工作，有本领域的基本工作经验
3– 候选人能完成工作，但需要培训
2– 候选人缺乏工作经验和技能
1– 不符合条件

候选人平均得分为3分或者更低，则不予考虑

其他面试记录：

存在问题：

要将绩效目标、技术技能和软性技能等项目列在计分卡的左侧，每位面试参与者需对候选人的所有项目评分。随后，将所有评分进行汇总并除以项目数量，计算出每个候选人的平均分。

在小组面试后的总结环节，每位成员可以根据其他成员的反馈对评分进行修改。需要注意的是，评分只能在提交前进行修改，一旦录入申请人追踪系统，便无法修改。

计分卡在确定聘用前可帮公司实现两个目的。首先，它可用来评估候选人的面试表现；其次，它能帮助公司招聘到最可能在工作中获得成功的人才。此外，计分卡在确定聘用后也能发挥三个方面的作用：一是它可以用于候选人被聘用后的绩效评估；二是通过它，公司可以发现面试和聘用流程中存在的问题；三是以计分卡的结果为依据，公司可以确定需要采取的额外措施或培训方案。

总结

现在你应该已经认识到，聘用流程是把双刃剑，既能促进也

可能阻碍招聘工作。为了填补所有职位空缺，你承受着工作压力，现在你一定认识到了马上开始更新聘用流程有多么重要。你一定要花时间好好审查聘用流程中最耗费时间、精力和金钱的五个因素，即用工需求、招聘参数、绩效目标、面试流程和候选人评估，并将这些信息与用人部门经理分享。你要让用人部门经理认识到，目前的聘用流程不仅会在金钱上造成浪费，还会让他们错失最合适的人选。

如果你只能做出一个调整，我会建议你在用工需求中写明绩效目标这一项内容。你只有知晓了候选人将如何被评估、公司如何认定其胜任职位，你的招聘工作才能有明确的方向。这不仅可以提升你的候选人的工作热情，还能增强他们长期留任的意愿，对用人部门经理、候选人和公司都有益处。

为了吸引顶尖人才，面试流程不应超过四轮。另外还可以考虑将多轮面试合并为小组面试，小组面试可以让团队对候选人有更全面的了解，有利于达成共识，消除个人偏见。

要点回顾

- 要及时更新用工需求。用工需求要体现公司的需求，反映公司文化及职业发展机会。
- 在准备撰写和修改用工需求之前，应向用人部门经理提出一个关键问题："半年或一年后，会以何种标准评估这个人？"并始终将此信息作为重点予以考虑。

- 用工需求最终能够帮助你招聘到尽职尽责的员工,因此对招聘人员和用人部门的长期成功都非常重要。员工离职成本巨大,大约相当于该员工一年收入的三分之一。
- 在招聘工作中,办公地点和薪酬/福利是影响最大的两个招聘参数。懂得如何克服与此相关的不利因素,对提高招聘效率是极其重要的。
- 虽然公司文化不属于薪酬或福利待遇,但当候选人面对多个录用通知时,公司文化还是会发挥重要的作用。
- 绩效目标明确指出了候选人的成功标准,因此你要拿到绩效目标,节省招聘时间。
- 面试环节在聘用流程中占据着至关重要的地位。通过面试,公司能够与候选人建立直接联系,对候选人进行全面的评估,同时候选人也能够更好地了解自己的技能和利益是否与公司契合。
- 面试流程要全面,这样才能找出顶尖人才,但同时也要高效,不能超过四轮。包括候选人在内,所有参与面试的人都要了解每轮面试的目的。
- 设计和运用计分卡可以有效地评估候选人,让决策不带有任何情绪和偏见。在确定聘用后,面试计分卡可以用于员工的绩效评估,发现面试和聘用流程中存在的问题,并确定需要额外采取哪些措施或培训。
- 审查聘用流程的五个关键因素,从中选出最能影响你的招聘工作的一项。你要就此给出自己的建议,强调在聘用流程中引入高科技、高接触的招聘方法有助于吸引到顶尖人才,节约时间成本,提高录用通知接受率。

- 在调整聘用流程后,每年需至少进行一次重审。
- 持续更新,不断调整。

HIGH-TECH
HIGH-TOUCH
RECRUITING

第 2 章
识别顶尖人才,展开有效沟通

How to attract and retain the best talent
by improving the candidate experience

成功的招聘人员具备精准识别高绩效人才的能力，并深谙在哪些地方能够找到他们，还知道如何判断他们是否对用工需求感兴趣。要找到具有高潜力的员工，不能仅仅依赖在搜索引擎中输入"优秀人才"来实现。成功的招聘人员除了能灵活运用复杂的搜索技巧，还要能熟练运用高接触的招聘技巧，并将二者完美结合，精准找出那些既与职位高度匹配，又与公司文化契合的优秀人选。在正式介绍具体职位之前，成功的招聘人员会建议对方先谈谈对未来职业生涯的规划，而不是直接谈论与职位要求相关的问题。在谈话过程中，招聘人员需要察觉出顶尖人才和一般人才之间的差异。与聘用流程的其他环节一样，识别顶尖人才并与之建立有效联系，也需要采用高技术、高接触的方法。

如何识别顶尖人才

技术进步让我们能更容易、更迅速地找到符合特定标准和职位要求的候选人。通过领英，我们可以搜索整个领英会员数据库（当前拥有 5 亿用户），然后通过设置过滤器筛选出最佳匹配。[①] 在形成了这样的候选人储备库之后，你就可以审查每个人的简历，从中找出最具潜力的人选。

你还可以借助推特和脸书等社交媒体平台寻找潜在候选人。你只需在推特上关注特定的行业、人群和标签，就能利用这一绝佳途径去寻找和招聘顶尖人才。令人震惊的是，有 61% 的求职者会使用推特寻找工作。为了获得最佳搜索结果，你需要借助推特的高级搜索界面。高级搜索界面可通过推特上的标签、地理编码、RSS 源等工具，实现对搜索领域的精确限定，从而有效地锁定最佳的候选人，甚至对于像软件工程师、.net 开发人员等稀缺的人才，也能起到很好的效果。与标签搜索相比，高级搜索界面更能通过地点和技能特征筛选出符合要求的候选人。要使用高级搜索界面，你需要按照以下四个步骤进行操作：首先，在推特搜索框中输入搜索内容；其次，在结果页面右上角找到可以下拉的搜索过滤器或点击"更多"选项，找到"高级搜索"；然后，输入要搜索的

[①] 本节内容涉及的是国外常用的招聘和求职软件。国内主要使用的招聘平台是 BOSS 直聘、前程无忧 51Job、智联招聘、猎聘、拉勾招聘等，不存在所谓的最佳渠道。除了上述这些常用平台，近年来招聘人员也利用小红书、抖音等新平台直播招聘。

领英已宣布于 2023 年 8 月退出中国市场。——编者注

项目，进一步完善搜索结果；最后，点击"搜索"以查阅你的搜索结果。

在社交媒体上关注候选人，可以让你在与他接触之前就对他有更多的了解，判断他是否与公司文化相匹配。当你在推特上发现潜在候选人时，你要充分挖掘、利用其推特简历和推文中的信息。接下来，你最好通过发送个性化推文与其建立联系。不要直接推销工作机会，而是建议线下见面，与他们探讨未来的职业发展。

使用推特招聘人才首先需要在推特上有很强的存在感。你要经常使用推特，发布与你招聘的行业相关的推文，每天与该行业的人互动。为了将一般关注者和潜在候选人区分开，你还可以单独开设一个推特招聘账号。

大部分用户使用脸书的主要目的是与家人或朋友保持联系，同时，它也使得拥有共同兴趣的人能够轻松地创建社群。人们在找工作时很可能会加入当地求职群或专业群。通过脸书，你可以联系到有共同兴趣的被动候选人群，还可以较容易地接触到特定行业人群，搜索到合格人才。当脸书用户看到新的工作机会时，他们可以迅速将该机会分享给自己的朋友。

如果你考虑将部分招聘预算用于广告投放，脸书是一个可选择的平台。通过脸书广告，你可以将目标限定在满足特定要求的人群上，例如担任过特定职位，具有特定工作经历、教育背景、兴趣爱好，以及可以在某地工作等。若你选择投放付费广告，最好定期追踪转化率。

在建立了潜在候选人储备库后，你需要将顶尖人才与一般人才进行区分（见表2-1）。在此过程中，你需要查看他们的全部档案，而不仅仅是工作经验。高绩效人才更有可能加入特殊兴趣群体。他们会发布能够反映其职业专长的文章或博客，并对其他人发布的内容进行评论。他们一定获得过某些奖项或受到过某种认可，也获得过同行或前任经理的举荐。你在审核举荐或技能时，要特别注意是否有类似"批判性思维""有竞争力""有责任心""创造性解决问题"这样的字样。

表2-1 最佳员工的特征

适应性强	具备适应变革和应对突发挑战的能力
沟通能力强	在不冒犯他人的情况下，能够运用书面和口头沟通技能，辅助团队实现目标
价值趋同	建立、支持并推动与公司核心价值相一致的目标向前发展
成就导向	始终以准时、精确且不超出预算的方式完成关键任务，工作业绩持续超过预期要求
可以信赖	会不遗余力地完成工作，并在困难和高压情况下，能尽力为他人提供帮助
关注细节	既不会深陷于琐碎事情之中，又能敏锐地察觉到重要细节。能够及时发现问题，确保项目运行不受阻碍
有条理	有决心，专注，有创新性，能带动项目运行并确保在截止日期前圆满完成各项任务
有动力	始终有动力追求极致
精力充沛	充满热情、动力，积极向上，并且能激励团队成员
诚实	能够以富有同情心的态度客观地陈述事实
有韧性	在面临压力时仍能保持良好的工作状态，并具备从失败中汲取经验教训的能力

续表

有好奇心	善于提出问题，且能够在现有体系和产品中寻找新的机会和可能性
有开拓精神	做事主动，预判新趋势，愿意在新提案中担当引领者的角色。有成功完成项目的业绩记录
能激励和鼓励他人	激励他人展现出最好的自我，鼓励他人以自己为榜样
善于学习	拥抱失败，将其视作学习和成长的契机，并积极寻找职业发展和培训的机会
积极向上	心态乐观，即使面临困难和挑战，仍能对最终结果充满信心
表现职业	保持适度的行为举止，并能够快速理解办公室的文化和惯例
尊重他人	以希望被对待的方式对待他人
注重团队	能够与团队成员合作，并尊重每个成员的才华和技能
技术达人	拥抱新技术

你可能还想了解他们是否为相关行业协会的会员。如果他们加入了行业协会，又是否在协会中担任领导职务。大部分行业协会都会将其会员、董事会成员及委员会领导的名单公布在网上，你可以很方便就查询到。你也可以考虑亲自参加协会的会议（如果实际情况允许），以便与他们进行面对面交流，这同样也是结识更多顶尖人才的好机会。

去何处寻找顶尖人才

大部分公司会在招聘初期将职位空缺信息发布在诸如 Monster 和 Indeed[①]等招聘信息搜索网的职位公告栏及领英等网站上。尽管这样做可以让更多人看到招聘信息,但往往公司投入大量资金,却未必能吸引到最佳的候选人。据统计,全球企业每年花在招聘广告上的费用高达 25 亿美元,但实际上,他们只能接触到 15% 的可用人才。[②]

通过识别被动候选人,你能为用人部门带来高接触附加值,这是招聘人员独有的机会。这些候选人通常是在现有职位上表现优秀并已取得成功的人。如果新的工作机会能够促进他们的职业发展,他们可能就会考虑。被动候选人占据了可用人才的大多数——约 85%。这些人可能不会关注招聘启事或网站公告,但是他们也并不希望在当前的职位上一直干到退休。

用人单位是帮助你找到高潜力的被动候选人的渠道之一。它们拥有广大的关系网,对所需领域的杰出人才有深入的了解,能够轻易地识别出名声在外的顶尖人才。尽管他们可能无法为你推荐具体的候选人,但他们能为你提供一些目标公司。用人单位置身于这一行业,了解(自身公司之外)哪些公司成功地吸引了顶尖人才。此外,你还要向他们询问哪些人员和公司可以不必关注,

---

① Monster 是一家大型专业招聘网站,也是招聘服务供应商。Indeed 是一个专门提供招聘信息的垂直搜索引擎。——译者注
② 此处为国外数据,暂无相关国内数据统计。——编者注

以避免与那些注定会被筛选掉的人进行接触和面试，浪费时间。

另一种识别被动候选人的有效方法是利用你的候选人网络寻求举荐。如果你帮助候选人获得了某个公司的职位，为他们提供了职业发展的新机会，他们就会更加愿意为你举荐人才。你可以询问，他们曾任职的公司中是否有人从事与你招聘职位相似的工作，他们是否愿意为你提供一份表现优秀的人才名单。当然，如何提出这一问题很关键。如果你直接问"你是否知道有谁……"或"你能给我举荐最优秀的人才吗？"，你很可能会听到"我不知道"这样的回答。你应该这样问："你以前工作的地方，最好的（职位名称）是谁？"他们大概率会记得在上一个工作单位中最优秀的人是谁，这样就可以避免听到"我不知道"这样的回答了。

大部分人之所以会回答"我不知道"，是因为他们认为你在询问他们现任同事的名字，出于对现雇主的忠诚，他们可能会感到不舒服。但是大部分人对前雇主就不会有忠诚方面的顾虑，还是会愿意举荐前工作单位的同事的。如果谈话进展顺利，你可以接着问他前工作单位有哪些表现优秀的人才。如果你仍然听到"我不知道"这样的回答，就说明你的提问方式出现问题，要认真思考一下了。

通常，你需要在你的关系网中定期发布新的职位信息，以便及时获得合格候选人。你可以每两个月给你的关系网里的人发送一封电子邮件，邮件主题要有吸引力，要推送与职位相关的文章，以及你需要填补的职位空缺列表。大部分电子邮件发出去后会被束之高阁，所以你要特别关注邮件主题的书写方式，做到与推送材料密切相关。如果收到的邮件里包含了目前所有职位空缺清单，候选人就更愿意将你的电子邮件转发给其他联系人，让你有更多接触人才的机会。

想要获得举荐人才，你不可避免地要与公司内部举荐机制和其他举荐奖励机制展开竞争。因此，你应该建立自己的举荐机制，吸引候选人，让他们更愿意为你而不是为别人举荐优秀人才。人都是无利不起早的，如果他们可以从你的举荐机制中受益，就会愿意参与其中。

通过有效沟通吸引顶尖人才

招聘人员为博得候选人和用人部门的关注而展开激烈角逐。为了能够胜出，你要不断提升自己的沟通技能。如何沟通与沟通什么同样重要。大部分招聘人员都认为自己沟通得相当清楚。然而，当冲突和令人沮丧的事件发生时，他们才意识到，说者所说的与听者接收到的内容完全不同。无效沟通导致了信息缺失。

招聘就是要与用人部门和候选人建立起联系。你作为候选人与用人部门经理之间的纽带，要确保自己的语言沟通和非语言沟通都清晰明了，同时还要专注倾听双方的需求。有效的沟通绝不仅仅是交换信息，而是要体会所分享信息背后的关联、情绪和意图。有效沟通也体现了让对方感到自己被倾听和被理解的能力。

成功的招聘人员具备有效的沟通能力。下面我将介绍一些我职业生涯所积累的、极具价值的实践经验。

要全神贯注

心怀尊重进行沟通，很大程度上就是要摒除干扰，全心沟通，因为任何分心都是显而易见的。你在与候选人、客户通话或开会时要做到全神贯注。

与别人会晤时，你要关掉手机，让与会人员都感受到你在全心参加会议，不希望受到打扰。如果你参会时受到打扰，其他人会觉得自己在你心里不重要，这不利于你与他们建立关系和信任。同时，会晤中你还要做好记录，方便以后与客户和候选人沟通时使用。

如果你在别人的办公室里会晤，那么办公室环境将为你提供大量关于这个人的信息。你要留意文凭或证书、个人照片、体育赛事纪念品，以及任何有助于你了解其个人特性的物品。谈话时，要从谈论对方最喜欢的事情入手，这样你就会莫名地获得好感。大部分的人都不会喜欢听你推销工作，而是更愿意谈谈天气、比赛或其他事情。所以如果你不了解对方最看重什么，最好先不要急于推销。

人们喜欢买东西，但是不喜欢被推销产品。你与候选人谈话时，要先了解他对未来职业发展的看法，再与他谈论可能的工作机会。与用人部门经理或潜在客户（如果你是第三方招聘公司）谈话时，你要先搞清楚他们所面临的困境再提供解决方案。所有这些都需要你全神贯注。只有这样你才能建立起良好的关系与信任。

倾听

只有全神贯注，你才能够更好地倾听，确保理解了对方所说的内容。因此，谈话时不要打断对方，要专注去理解和欣赏客户或候选人所说的话。你要通过倾听理解他们的想法，而不是帮他们解决问题。

有些人终生都未曾遇到过真正的倾听者，未曾遇到愿意去倾听并理解他们的人，他们遇到的只是听后对其进行评判或尝试替他们解决问题的人。你要告诉候选人和用人部门经理，你的目标是成为他们的倾听者。当我询问客户、候选人或招聘人员，谁是他们生命中的最佳倾听者时，大部分人都会说"母亲"、"最好的朋友"（如果他们并未怀揣伟大的规划）、"配偶"以及"宠物狗"。你要想展现出自己的倾听能力，就要做到在交谈时明确对方所用词语的含义，重述客户或候选人的话语并关注对他们来说至关重要的事项。

在充分理解了他们的立场、需求和想法之后，你就能找到更匹配的优秀人选，找到能投入工作、长期留任的员工。此外，这也将使你与用人部门经理及候选人建立基于信任的长期工作关系，这会为你提供更多填补职位空缺的机会。

寻找非语言线索

作为一名优秀的倾听者，你必须关注微妙、关键的细节，例如音调的变化，或者面对面交流时的非语言信号。在利用 Skype 或

Webcam[①]进行面试时，要仔细观察候选人的面部表情、目光交流和身体姿态。肢体语言不仅能强化所表达的内容，还能揭示一些言行不一的可能性或潜在的欺骗行为。在与候选人和用人部门进行交谈时，你要确保自己的肢体语言和姿态传递出对谈话内容的关注和尊重。同时，你也要注意他们的语言表达和非语言元素，以便更全面地理解他们所分享的信息背后的关联、情绪和意图。作为招聘人员，你的声誉取决于能否寻找到最佳的匹配对象。如果发现某人的肢体语言与口头表述不一致，你一定要在后续的接触中继续提问，以获得更清晰明确的答案。

让我们看看有哪些肢体语言可以帮你观察到积极的或消极的非语言线索。首先是握手。握手要坚定且没有压迫感，"湿鱼"握手不会给人留下好的印象。再有就是候选人在面试过程中要有眼神交流，但是也不能紧盯别人看，那样会显得咄咄逼人；但是眼神交流不足，又会让人感觉不够诚实。

接下来要探讨的是姿态和坐姿方面的问题。在面试过程中，候选人的坐姿应该端正，不要陷在椅子里。如果候选人身体稍向前倾，说明他们对面试内容很感兴趣；而如果他们的身体后仰，完全靠在椅背上，就可能给人一种不耐烦或想溜号的感觉。另外，如果候选人双臂交叉，则暗示着他们在防御、紧张或需要自我保护。你当然希望你的候选人能在面试中展现出自信的一面。如果候选

---

① Webcam 是网络摄像头应用程序的总称，这些应用程序可以帮助用户把照相机或手机用作电脑的摄像头。——译者注

人表现出烦躁不安，或做出咬手指甲、用手指拨弄头发、脚尖点地等动作，则通常会被视为不礼貌、不专业或高度紧张。

如果候选人在谈话时很自然地配以手部动作，你不要打断他们，否则会让他们在面试中感到尴尬。但是手部动作不应该干扰所讲的内容。密切关注肢体语言可能会让你发现一些候选人身上需要格外关注的危险信号，需要在做背调时与候选人前主管进行核实。

以候选人需求为重

在聘用流程初期，你需要关注候选人的需求。你要先判断潜在候选人是否能够在工作时间进行公开沟通，还是只能在下班后或周末进行交流。大多数候选人没有私人办公室，他们可能无法在工作时间与你沟通，不过他们可能会愿意在下班后进行。如果是这种情况，你可以先询问他们的手机号然后结束通话以示你的尊重，并配合他们的时间安排，给候选人留下积极的最初印象。同时，作为招聘人员，如果你能够在非工作时间安排面试，就会让自己显著区别于仅在工作时间进行沟通的同行。

面试流程是展现自我的过程，所有候选人都有自己偏好的需求和期望。多数候选人会倾向在某一特定地点、在理想的薪酬范围内从事某一类型的工作。有一些候选人希望与家人一起，不愿意搬迁，而另一些人希望能探索新的地点和国家。总的来说，大部分候选人都希望公司能提供一份可以让他们充分做自己的工作。

你要把每位候选人最关注的因素罗列出来，并区分哪些因素是必需的（需求），哪些是可有可无的（偏好），哪些是毁灭性的（绝对不可能的要求）。接着，你要和候选人一起按重要性对这些因素进行排序。例如，如果一位候选人表示希望在佛罗里达工作，却因为薪酬不足而拒绝了几个该地的工作机会，在这种情况下，他对赚钱的需求远比去佛罗里达工作的喜好更为强烈。于是，搬到佛罗里达这一因素就应排在优先级列表靠后的位置。通过这种方法，候选人就能够明确哪些因素是需求，哪些是偏好。他们会很感激你帮他们了解自己最在意什么，同时你也可以为他们找到最匹配的工作，提升录用通知的接受率。

提出问题

业内顶尖的招聘人员都擅长提出恰当的问题并明确候选人所给出答复的含义。下面的例子说明了保持好奇心的重要性：当你问候选人"你在考虑换工作时，最关注什么因素？"，他们可能简单地回答说"升职"。然而，经验丰富的招聘人员都知道，"升职"可能包含多种含义，如更高的薪酬、更高的职位、更广泛的工作范围，或是更快的晋升机会。要想弄清楚候选人所指的"升职"一词的真正含义，你只能继续问："你所说的'升职'具体是指什么？"

要想为候选人找到符合他们需求的工作，首先你要问出能帮助你明确他们需求的问题。当候选人（或用人部门）所用词语的含义因人而异时，你一定要让他们进一步澄清。诸如"升职""福利""好机会"等词语的含义会因说话者的不同而产生差异，因此，你一定要提出明确的问题，确保自己对这些词的理解无误。

我在芝加哥市中心工作时，通常会让候选人说明从汽车站或火车站到工作地点，他们能接受的步行距离，因为芝加哥的冬季总是风雪交加，异常严酷。在一次面试中，我询问一位候选人她能够承受的最大步行距离是多少，她说可以从南岸火车站走五个街区。我问了这一问题，也听到了她的答复，却执意安排了距离火车站六个街区的面试地点。面试之后，用人部门经理认为她是理想人选，她也对该职位表现出浓厚兴趣，且薪酬高于她的预期，所以最开始她接受了录用通知。可是两天后她又拒绝了，原因就是通勤距离超出了预期。在这一事件中，我虽然提出了问题，却忽略了候选人的回答，最终导致候选人、用人部门和我的宝贵时间的浪费。

与他人建立联系

在招聘领域，你每天都会认识新的人，与新人打交道，因此有效地与他人建立联系极为重要。你与你的候选人可能完全不同，但这并不重要，重要的是你能够设身处地为他们着想，以他们的眼光去看世界。你要让候选人感受到你的关怀，并向他们表明，你愿意成为他们人生中最佳的倾听者。记住，你接触的每个人都想知道一件事："这对我有什么好处？"——继续和你对话，对我有什么好处？

刚开始谈话时，你要引导对方谈论他们自己。当你鼓励他们谈论自己时，他们就会对你产生莫名的好感。你要对他们所说的内容表现出真诚的兴趣，并提出进一步的问题，深入探讨他们认为重要的话题。这样做可以表明，你是真正想要理解和弄清楚他们分享的信息。如果你与候选人有共同的兴趣点，如体育，或是上了同一所学校，参加同样的社区活动或有共同爱好，分享这些信息可以加深你们之间的联系。

当你需要与陌生行业的候选人和用人部门合作时，你就更要具备建立有效关系的能力。比如，你并不具备软件工程师的专业技能，但需要与软件工程领域的候选人建立联系，那么你就必须了解他们的需求，并判断他们的需求是否与你要填补的职位相符。

与他人建立联系，就是去寻找双方的共同点，认识和接受自己未知的领域，最重要的是要勇于接纳新信息。你应该真诚地去了解他人，同时也要明白你不一定要喜欢所有人或同意他们的观点。你要做的只是和他人建立联系，并最终赢得他们的信任。

与不同年龄段的人群建立联系

你每天都要接触不同年龄段的候选人和用人部门员工，跨度可能从"婴儿潮一代"到"Z世代"。因此要实现有效沟通，就要了解他们的沟通风格。例如，出生于1946年至1964年的"婴儿潮一代"是在一种与现在完全不同的环境中成长起来的，所以他们的沟通方式也会有所不同。以我的经验来看，他们喜欢采用混合的沟通方式，包括邮件、语音留言、面谈和会议。与"婴儿潮一代"不同，1965年至1980年间出生的"X世代"更看重工作与生活的平衡，他们更喜欢在工作时间处理与工作相关的事务。他们偏好用邮件沟通，希望面对面的会议越少越好。1981年至1996年出生的"千禧一代"推动了沟通方式的变革。他们在网络环境里长大，时时刻刻都处于联网的状态，对科技痴狂。他们高度依赖电子沟通方式，需要即时回复和有意义的互动。1995年至2012年间出生的"Z世代"则期待即时获取信息。他们能立刻获取信息，却又可能转瞬就失去兴趣，与他们沟通需要做到简明、可视化。他们更喜欢通过图像进行沟通，能做到用多个屏幕完成多项任务。与文字相比，他们更喜欢视频和图像，然而最能吸引"Z世代"的还是个性化。但是无论如何，你在与潜在候选人沟通时，都不要忽视面对面交流的重要性。[①]

你如果想将每个世代的顶尖人才都归于麾下，就必须采用他们偏好的、最有效的沟通方式。同时，你还需要了解用人部门最倾向的、有效的沟通方式。

以权威的口吻展开沟通

在招聘行业，你一定要在言语中展现出自信和权威以赢得用人单位和候选人的尊重，所以你的说话方式至关重要。用人单位依赖你的专业能力帮助他们实现公司的目标和业绩，候选人则把他们的职业发展寄托在你身上，你的责任重大。无论是用人单位还是候选人，都希望能有一位可信赖的权威人物作为他们的代表。

---

① 本段对美国不同年龄段的时期划分是作者的观点，不同学者和媒体对各个年龄段的时期划分略有区别。——编者注

你可以做到充分准备，熟知谈论的内容。但对于别人会说什么，你却无法次次考虑周全。当有人向你抱怨他们和招聘人员之间的不愉快经历时，你可以试着这样做：你要带着同理心倾听他们的困扰，然后以清晰而缓慢的语速做出回应，提出一些开放式问题，鼓励对方分享最令他们感到沮丧的经历。你要让对方感受到你在真正为他们着想，会尽力帮他们解决问题。

当候选人寻求你的看法和建议时，你要基于事实而非情绪做出回应。在大多数情况下，他们并非真正想要寻求你的意见，只是出于信任，想从你这位劳动力/工作场所专家那里获得回应。所以你在回答他们的问题时一定要强调自己的建议会给他们带来怎样的利益，同时还要提供多个建议，并不时地询问他们的意见和选择。

酌情选择恰当的沟通工具

随着技术的发展，招聘人员与候选人及客户间的沟通方式也发生了变化。的确，用短信来确认面试细节是十分有效的，但它不适合用来深入讨论职业目标。电子邮件非常适合用于自我介绍，或是提供你与其他用人部门成功合作的详细信息；然而，只依靠电子邮件建立完整的招聘关系并不可取，因为大多数邮件实际上都被束之高阁了。

在选择合适的沟通工具时，你首先要明确沟通的目的。若仅需要确认预约或回答是与否，发送短信就足够了。如果需要给对方提供更多详细信息去进一步阐释问题，使用电子邮件会更为适合。

在正式发出录用通知时，建议先通过电话与候选人沟通，然后再给他发邮件确认（以便快速得到回复），有时甚至需要发送一份书面信函。如果讨论敏感的私人问题或评估候选人对职位的兴趣，就需要使用视频通话这样更为私密的沟通方式，以便更好地理解他们的肢体语言等非言语线索。

此外还要注意，在与工作场所中不同年龄段的人进行沟通时，需要选择适合他们的沟通工具。

集合力量：招聘被动候选人

换工作是人生中最为重要的决定之一。换工作或更换职业领域将深刻影响候选人的生活质量、收入水平、晋升潜力和未来的市场竞争力。作为一名招聘人员，你必须意识到让一位在当前职位上表现出色的人考虑换工作所面临的风险。如果你招聘了一位在现任职位上表现优秀的被动候选人，你实际上是要求他们把未来托付给你。如果你工作不当，可能会对他们的职业生涯和未来的市场价值造成负面影响。对你招聘的每一位候选人，你都承担着道德和伦理上的责任，需要为他们竭尽全力。他们接受一份新工作，不仅会影响自身，还可能影响到整个家庭和其他生命中重要的人。我们大部分的清醒时间都是在工作中度过的，所以换工作对候选人产生的影响是深远且重大的。

此外我还注意到，大多数人并不想一直待在目前的岗位直到退休，他们对新的工作机会往往怀着开放的态度，但是，你必须在推荐新工作之前做好充分的准备。你要细致地审查他们在领英上的个人档案，确保在接触他们之前对他们有全面的了解。与他们电话沟通时，不要急于推荐具体的工作机会，你要先了解对他们而言最重要的是什么。此外，不要想当然地认为他们目前的工作就是他们未来希望从事的——这一点很关键，也是许多招聘人员常犯的错误。

接触被动候选人

做任何事情都是熟能生巧，招聘技能亦是如此。我职业生涯的大部分时间都在从事招聘工作，即便是现在，我每天仍然在做招聘展示。以下是两个通用的招聘脚本，供你在与被动候选人接触时参考。

> **常用招聘脚本 1**
>
> 　　早上／下午好，＿＿＿＿＿＿＿。我的名字是＿＿＿＿＿＿＿。我代表的企业是在（地区）、（信息技术／银行／金融服务等）领域最好的企业。在过去几个月中，我们为几位与您有相似经历的人找到了非常不错的（职位名称）工作，他们目前工作得都很好，这是我来找您的原因。
>
> 　　您什么时候方便？我们可以一起讨论一下您未来的职业发展。

> **常用招聘脚本 2**
>
> 早上/下午好，＿＿＿＿＿＿。我的名字是＿＿＿＿＿＿。
>
> 看到您的简历/领英简历后，我就期待着与您通话。您有非常丰富的经历，我曾为几位与您有相似经历的人在大公司中找到了能实现职业发展的工作。您现在正在做的工作，不见得就是您一直想做的，您看什么时候方便？我们可以进一步展开探讨。

如果候选人是经由他人举荐的，你们在接触时可以提到举荐人的名字，下面的脚本适用于此类情况。

> **被人举荐的候选人脚本**
>
> 早上/下午好，我的名字是＿＿＿＿＿＿，是＿＿＿＿＿＿给我举荐的您。我目前为最好的（信息技术/金融服务等）公司工作，我们一直致力于吸引最优秀的人才，这也是我们安置的候选人都能够长期留任的原因。当我问＿＿＿＿＿＿在他过去工作单位里谁是最优秀的（职位名称）时，他第一个提到了您。实际上，他与我们分享了（关于您的信息）。
>
> 我希望能安排一个时间与您当面探讨: 在未来职业生涯发展中，对您来说什么最重要？

如果候选人对此感兴趣，就安排某个晚上进行面试。但是，你一定要在详细了解候选人信息和他们关注的敏感问题之后，再提供工作机会。如果你提供的职业发展机会适合候选人，就能吸引他们并获得他们的信任；如果目前没有合适的工作机会，你要告诉候选人一旦出现合适的机会，你会立刻联系他们。你还要向他们保证，你的聘用流程是保密的，不会给他们现在的工作带来任何影响，也不会浪费他们的时间。如果你是第三方招聘人员，也可以主动提出会向其他客户或他们最心仪的公司推荐他们。

如果候选人没有兴趣与你再谈下去，你要告诉他们，你还是想与他们见一面，了解他们的需求。如果候选人对你的邀请一味拒绝，他们其实是在表示，自己还没有准备好。即使他们现在没有兴趣，未来也可能对其他工作机会感兴趣。你要将他们纳入你的候选人网络，随时给他们发布有关工作机会的信息。

应对拒绝是招聘人员必须要面对的功课之一，如何应对拒绝是决定招聘成功与否的关键。与其把候选人的拒绝当作招聘成功路上的绊脚石，还不如把它看作候选人希望能获取更多信息而提出的诉求。除了沉默，其他的都能应对。只要你的招聘目标还肯与你沟通，你就有机会成功招聘他们。

了解以下四种拒绝的理由会对你有所帮助，如果你能将目前所遭遇的拒绝对号入座，应对起来就会更容易。这四种拒绝理由分别是：价格原因、个人原因、推托和服务因素。由价格原因导致的拒绝，是指候选人担心你无法争取到充足的薪酬待遇；个人原因导致的拒绝，是指候选人过去或许曾与你打过交道，有不愉快的经历；推托式拒绝指任何会耽误聘用流程的行为；与服务因素相关的拒绝，是指候选人认为所有招聘人员都一样，没有区别，拒绝使用你的服务为他们寻找工作机会。

面对拒绝，你首先要让候选人明白你理解他们。你要强调你明白他们的意思，也理解他们为何会有这种感觉。哪怕候选人现在不感兴趣，你也要把握机会让他们知道，当他们有职业变动的想法时就可以寻求你的帮助。

如何应对几种常见的拒绝

如果你能与候选人一直保持对话沟通，就能应对一些常见的拒绝。下面我将介绍四种常见的拒绝类型及其应对方式供你参考，提升你成为潜在候选人的代言人的机会。

"我并没有在找工作。"

你可以回应说："这不是问题。我最近帮助五位候选人实现了职业发展。他们也和您一样，当时都有工作，原本没有换工作的想法。"或者你也可以这样说："我的客户期望的就是招聘到拥有杰出工作经历、不排斥能促进职业发展新机遇的人才。在您看来，什么样的工作机会能够促进您的职业发展？"

"你是今天第三位联系我的招聘人员。"

你可以有效地回应说："这是对您专业能力的认可和肯定。每个招聘人员都希望能代表市场上最杰出的人才，所以您才会接到这么多电话。在过去的 90 天里，我帮助了 10 位与您经历相似的专业人才找到了更佳的工作机会。您认为哪种工作机会有利于您的职业发展？"

"我现在没有时间通话。"

你可以这样回答:"我完全理解。所以我在您的工作时间打电话只是想询问您的手机号码,等方便时再进行详谈。您今晚有空接电话吗?如果可以,我应该拨打哪个号码联系您?"

"具体什么职位,薪酬待遇如何?"

你要简单解释说:"目前没有具体的职位。因为通过您的简历/领英档案,我只能了解到您过去的工作经历和当前职位,所以我想知道您对职业发展的理解和期望。我不想简单地把您目前的工作当作您对未来职业的期待。您看何时方便详谈?"

在第一次遭遇拒绝时,你可能会感到难以应对。但是,你要将每一次拒绝视为学习的机会,帮助你学习应对未来要面对的更多拒绝。

应对拒绝是一项必须掌握的关键技能,实践是提升这一技能的最佳途径。每当遭遇难以应对的拒绝时,你都要将其记录下来,并与同事进行角色扮演。渐渐地,你就能学会应对所有的拒绝了,哪怕是"我在等待公司的假期补助"或"我计划两个月后去度假"这类和时间相关的拒绝理由。所有的拒绝都有探讨空间。请记住,拒绝不是障碍,只是对方想要获取更多信息的标志。最终,你一定能学会迎接拒绝。

总结

你已经掌握了识别顶尖人才的方法，学会如何通过高技术、高接触的方法与他们展开有效沟通。这些技巧将帮助你有效地与候选人建立持久的关系，让你和用人单位实现短期和长期的收益。你还掌握了在何处发现人才，如何与他们进行有效沟通，在沟通过程中如何引导他们主动表达，以及要注意非言语线索。此外，你还学会了如何将候选人的需求排序，如何与不同年龄段的人进行沟通，如何招聘被动候选人，如何使用招聘脚本，以及如何有效应对拒绝——你明白了候选人拒绝你是为了获取更多的信息。本章让你掌握了与最优秀的人才沟通并成功招聘他们的方法，未来你一定能填补更多职位空缺。

要点回顾

- 通过技术手段，我们可以更加快速、便捷地找到符合具体条件和职位要求的候选人。
- 掌握表现优秀的员工的特质，可以将优秀人才与一般候选人进行有效区分。
- 在招聘工作中引入高接触的方法，能够有效地识别出目前占据人才库总量的 85% 的被动候选人群体。
- 询问用人单位尊敬哪些候选人和哪些公司，建立起候选人和客户渠道。

- 在候选人网络中寻求举荐人才,挖掘出被动候选人。
- 在与用人单位和候选人进行沟通时,要让他们感受到被倾听、被理解。
- 提出问题,找到候选人关注的事项,并将其依照重要程度进行排序。
- 沟通时要展现出权威和自信。
- 酌情选择最适合的沟通工具,力求取得最佳沟通效果。
- 你对候选人负有道德和伦理责任,应当竭尽全力做好工作。
- 必须掌握应对拒绝的技能。

HIGH-TECH
HIGH-TOUCH
RECRUITING

第 **3** 章
通过面试获得顶尖人才

How to attract and retain the best talent
by improving the candidate experience

作为招聘人员,我们每天都要进行大量的面试,常常会觉得自己提出的问题重复甚至多余。然而我们要牢记,面试是整个聘用流程的基础。在面试中,我们能够深入了解候选人的资质、核心价值观、职业发展愿景,以及他们在特定职位取得成功的潜力,这些信息都具有极高的价值。同时,面试也为候选人提供了一个机会,让他们能够更好地了解自己的职业目标是否与公司提供的工作机会及公司的目标契合。

我们要确保通过面试获得的信息,能帮助我们做出最正确的聘用决策。我们面临着填补职位空缺的压力,我们的成功取决于能否将候选人安置在可以长期留任的职位上。面试中,我们可以通过提问获取信息,判断哪位候选人最合适——既适合特定的职位,还能融入公司的整体文化,所以其重要性不言而喻。

本章将阐述如何展开面试,选拔出在未来工作中能够投入并留任的最佳员工。在开始面试之前,你首先明确需要达成的目标,我为此列出了有效面试流程需要实现的五个目标。明确五个目标之后，你就可以着手进行面试了。你可以用我下面介绍的四轮结构化的面试流程，快速、公正地评估和比较候选人。通过以上步骤，你必定能收集到有助于用人单位做出最佳聘用决策的信息。

目标一：理解招聘启事背后的目的

你是否经历过这样的情况？你面试的候选人满足了所有职位要求，最终却被用人部门经理淘汰了；又或者，用人部门因为招聘重点发生变动而撤回用工需求，却没有提前通知你。在竞争激烈的劳动力市场中，寻找到顶尖人才实属不易。作为招聘人员，如果你不能充分了解和把握用人部门的需求和关注重点，你的工作就会难上加难。

在开始面试流程之前，你一定要充分了解用人部门填补职位空缺的原因，这既能为你节约时间，也能让你避免可能遇到的挫折。你要与用人部门经理交流，深入了解他们为这个职位展开招聘的动机：是因为部门在这方面的能力较弱？是需要引入有才华的新人提升公司潜力？还是用人部门经理计划替换掉边缘员工？你对动机了解得越透彻，就越能在面试时提出有针对性的问题，获取有用信息。

你去了解用人部门的招聘动机，就是在将自己定位成一个值得信赖的咨询顾问，一个有价值的人。我记得我曾为一家公司招聘客户经理，因为这家公司刚刚将一名客户经理提拔为客户开发主任，所以需要寻找新的人才来填补这一空缺。于是，我询问了这位刚刚被提拔的员工，让他谈谈具体哪些行为和事例让他在客户经理的职位上获得了认可和成功。可是在交谈中，他却说他只是因为觉得不应该拒绝提拔，才接受了客户开发主任一职。于是，我建议他和上司沟通一下自己对新职位的看法。经过谈话后，用人部门经理允许他回到原来的客户经理职位，并委托我为客户开发主任一职进行招聘并展开面试。通过理解和关心客户的需求，我帮助公司发现了潜在问题，填补了适合的职位。

你一定要记得，招聘启事背后的目的不是一成不变的。可能是某名员工突然提交离职通知，或是公司失去或赢得了某个重大订单影响了招聘计划，也可能是需要增添某种技能。因此，在与用人部门的每一次交流中，你都要反复问一个关键问题："自上次谈话以来，有没有发生任何新的变化？"尽管他们的回答可能会让你不愉快，但为了确保为用人部门提供最符合需求的候选人，你有必要了解任何可能发生的最新变化。

目标二：了解候选人关注的重点

招聘人员是否成功取决于能否寻找到工作投入且长期留任的候选人。为了实现这一目标，我们必须要了解候选人的关注重点，找到与他们的目标、动力和价值观契合的工作机会。而要做到这一点，唯一的途径便是向候选人提出问题，并投入时间去倾听和理解他们的需求。

你要先提升自己的倾听技巧，以准确判断每个面试者关注的重点。招聘人员需要采取不同于一般面试官的倾听方式。我们不应通过倾听来做出判断，表达赞同或反对，而是要通过倾听来深入了解每个候选人的个人情况。这样，我们才能从他们的角度看待问题，并判断出哪些工作机会是他们可能会毫不犹豫地接受的、有助于其职业发展的。如果你是第三方招聘人员，这会有助于你了解哪些公司的公司文化和核心价值观与候选人契合。

在面试过程中，你要询问候选人在当前和过去的工作中最喜欢什么，最不喜欢什么，以及他们在未来工作中不愿再承担的工作任务，从中了解他们的价值观。此外，还要求候选人列出所有曾经承担的职责，分享希望能在未来的工作中承担哪些职责，以及他们认为会对其职业成长有帮助的其他工作内容。

你要询问候选人此前离职的原因。在提出这个问题时要注意方法，如果提问过于直接，大部分候选人会因为害怕回答不当而给出不痛不痒的答案（如任务过重、薪酬过低、对工作不满、与上级关系不好、无法平衡工作和生活、通勤距离过远等）。为了使候选人能够更坦诚地谈论以前工作中不愉快的事情和对未来工作的期望，你要提出更具有针对性的问题。例如，你可以尝试这样提问："如果你是老板，你会对当前工作做哪些改变，让它变得更令人愉快？"他们给出的答案能揭示出他们宁愿忍受不适也要换工作的真正原因。

在招聘行业中，我们扮演着协助他人更换工作的角色，这就让我们很容易忽略一个重要的事实，那就是换工作这个重要决定不仅会对候选人的生活产生影响，还会波及他们所爱的人。通常情况下，候选人如果不是在工作中遇到了无法解决、不可忍受的问题，是不会想换工作的。因此，他们对"如果你是老板，你会对当前工作做哪些改变，让它变得更令人愉快？"这一问题的回答，可以帮你确定哪些职位不仅可以避免他们所担心的问题，还有益于其职业发展。

如果候选人说他们之前离职的原因与钱有关，那么你应清晰、坦诚地说明所提供职位的薪资范围。这种情况存在的风险是他们和你接触仅仅是为了和现雇主议价，所以，如果你确定候选人主要是因为金钱或升职而离职，你要鼓励他们向现雇主提出加薪或升职的要求，告诉他们，这样做才不会破坏与现雇主之间的信任关系。如果他们未能如愿升职或加薪，他们就更有可能接受你的录用通知，而不会考虑现雇主的议价。

尽管金钱可能是促成离职的最重要原因，但还有一些问题是无法通过提高工资或改变头衔能解决的。因此，你一定要与候选人保持开放式的对话，在面试过程中让他们用1~10分量化自己对新职位的感兴趣程度，以确保你不会将时间浪费在不真诚、没有动力接受新职位的候选人身上。

另一种了解候选人关注重点的方法是询问他们的短期和长期目标。通过这种方式，你可以估算出他们在录用后大约能留任多久。用人部门提供的新职位也许能满足候选人的短期目标，但不一定能够帮助他们实现长期的职业目标。因此，用人部门需要对照自己的聘用目标做出决策，判断在明知工作挑战性有限、候选人只会短期任职的情况下，是否仍然聘用他们，还是进行内部调整，让候选人还能实现长期目标。如果涉及一流候选人，公司会在明知他们可能在几年后离职的情况下，仍然考虑聘用他们。

你还可以询问候选人曾经拒绝过哪些录用通知以及拒绝的原因，以获取有价值的信息。如果你提供的工作机会与他们曾经拒绝的工作相似，那么他们很可能也会拒绝你的录用。

你还要明确，过往的工作中，哪些部分是他们真心喜欢的，哪些因素会导致他们决定放弃录用通知。这样你就能清楚地了解，哪些关键因素会让候选人毫不犹豫地接受一份工作，你就能根据实际情况调整自己的招聘工作了。

最后，在刚开始面试时，候选人尚未与你建立起信任和融洽关系，所以他们回答问题往往会有所保留。因此你要在整个面试流程中，反复询问一些关键性问题，以便随着信任和融洽关系的建立获得更全面的回答。此外，候选人可能会经历一些重要事件，导致他们的关注重点改变，或是原本恰当的求职时机变得不再合适。因此，你必须不断继续沟通，了解其关注重点和时间安排的变化，量化他们对职位的感兴趣程度。

我们曾面试过一个单亲妈妈，她拒绝了三份非常不错的工作地点在芝加哥的录用通知，这三份工作似乎能满足她所有的关注重点。经过进一步追问，我们才知道她想搬回印第安纳波利斯。她的理由很充分：她想让女儿们能在优秀的教育体系中学习，那里的生活成本更低，最重要的是她的妈妈身体每况愈下，需要她的照顾。但是此前，没有任何招聘人员问过她想要在哪里生活，而这恰恰是她考虑到妈妈的身体情况，拒绝录用通知的原因。

因此，你永远都不要主观臆断候选人是否还想在同一个行业或同一个城市工作，也不要想当然地认为你了解候选人的关注重点。刚才提到的那个候选人毫不犹豫地接受了我们给她提供的在印第安纳波利斯的第一个工作机会。

目标三：判定候选人适不适合你的公司

在面试流程中，绩效目标是判断候选人是否具备在特定职位上取得成功的标准。以这些目标为指导，你要去审查候选人的工作经历，并通过提问判断其过往成就与新工作目标是否有可比性。这样做有助于你筛选出最有可能实现绩效目标并取得成功的候选人。此外，你还要让候选人对自己实现绩效目标的能力进行量化评估（以 1~10 分表示），这样做可以减少你对候选人给出的答案做出错误解读，更好地判断是该留下还是淘汰候选人。

向用人部门索取一份尽职员工特征清单，将这些特征按照重要性排序。在面试时，让候选人说出自己的软技能和可迁移技能，并用 1~10 分量化其技能水平。同时，要求候选人提供具体的技能应用实例，询问他们是否希望在未来的工作中继续运用这些技能。通常，潜在员工可能具备工作所需的软技能和可迁移技能，但他们可能不愿意运用这些技能，因此招聘人员有必要进一步搞清楚情况。另外还有一种情况是，候选人的软技能和可迁移技能在当前职位中未能得到发挥，这可能也是他们考虑换工作的原因之一。

目标四：判断候选人是否为高绩效员工

简历及面试流程中的表现往往会夸大或美化事实，为了准确判定候选人是否为表现优秀的员工，最好的方法是询问他们曾经取得的成就，以及这些成就对前雇主产生了何种影响。这些成就往往能够反映候选人的工作态度、追求目标的动力，以及他们解决问题的能力与职业道德。此外，谈论过往成就还有可能揭示出在讨论工作经历时未能触及的重要信息。发现候选人的软性技能与可迁移技能，有助于进一步了解何种类型的项目能够激发他们的积极性。表现优秀的员工往往能够轻松谈论自己的工作成绩，深刻理解这些成绩所产生的影响；他们通常会频繁升职，承担较重的责任，获得过荣誉和奖励，并被上级领导认可。

你可以要求候选人讨论他们在过去的工作中所取得的最重大成绩，对这一问题的回答可以揭示出他们最看重什么。如果他们告诉你，自己是如何帮助公司节约时间和成本的，那么你可以推断出他们将自己的成功与公司的成功联系在一起。然而，如果候选人的回答是"我终于学会了使用客户关系管理系统，不用每天寻求别人的帮助了"，那么你可以认为这个候选人的目标更加个人化，可能并没有完全与公司的成功联系起来；此外，这个回答也暗示了他们在适应技术方面可能遇到过困难。综合起来，你可能会判断出此候选人不会是表现优秀的员工。

很多时候，当你要求候选人列举其成就及对过往公司的影响时，他们往往会词穷，举不出任何事例。那是因为他们没有意识到，你并不是在寻找能够治愈顽疾的超人，你只是希望了解，在过去的工作中有哪些具体作为让他们与众不同。对此，你可以具体询问候选人：是否曾经为前雇主节约过时间和金钱，能否提供可量化的例子，以便你展示给用人部门经理。这些问题不仅有助于你识别表现优秀的员工，同时也可以帮助候选人做好准备，在面试时能展示自己在工作中取得的成就及其产生的影响。

目标五：面试流程不受情绪和偏见的影响

人难免会有偏见，若对此认识不足，招聘人员的偏见及情绪将会影响到面试乃至整个聘用流程。若未采取适当行动消除这些情绪和偏见，招聘人员可能会因为个人偏见而错过最适合的候选人，录用稍逊一等的候选人。

在面试过程中，为了降低偏见和情绪的影响，建议在邀请候选人亲自参加面试之前先通过电话进行初选。电话筛选可以让我们避免外貌歧视，全神贯注地提出针对性问题，评估候选人是否符合我们的要求，以及是否能够融入我们的公司文化。

规避偏见的另一种有效方法是确保所有面试官使用统一的评价标准。最理想的方法是采用面试计分卡（见第1章表1-5）。在面试过程中，所有面试官将依照计分卡按照5分制，从绩效目标、技术技能和软性技能三个方面为候选人打分。

尽管在面试中完全消除偏见和情绪是不太可能的，但是通过先电话面试再利用计分卡进行面试，能帮助你筛选出足够多的合格候选人，确保最终能进入后面两轮面试（实际工作面试和终轮面试）的候选人，都是最符合条件的人选。

一家位列《财富》杂志100强的公司曾与我取得联系，告知我他们推出了一项重要的多样化雇用举措，但结果并不理想，未能实现预期的多样化结果。如果他们没有招聘到多样化的员工团队，就可能会失去重要的政府订单。我调查后很快就发现了他们聘用流程中的三个明显问题。首先，聘用流程的参与者并未实现足够的多样化；其次，决定淘汰哪些候选人的权力集中于一个人手中，缺乏群体决策机制；最后，他们没有尝试拓宽招聘渠道，吸引多样化的候选人。尽管他们在主观上积极寻求招聘多样化的员工，但实际上在候选人来源、面试和聘用流程等方面仍存在一定的偏见。针对这些问题，我对他们进行了指导，尽力让整个聘用流程都不带有任何偏见，最终帮助他们成功招聘到了优秀的多样化候选人。

采用四轮结构化面试流程

有一些客户只面试一次就发出录用通知，还有一些客户面试多达八次。我在此推荐的是大家已经熟悉的"四轮原则"。谷歌研究了过去五年的面试数据，分析发现四轮面试足以预测某人是否应该被聘用。因此，我建议采用"四轮原则"进行面试。为了杜绝情绪和偏见，确保面试的公平性和快速，所有面试都应该有清晰的结构。接下来，我将为每一轮面试提供相应的指导。

第一轮：电话面试筛选

电话面试筛选是整个面试流程的基础。本轮面试以打电话的方式进行，可以有效地避免因个人形象带来的偏见。

表 3-1　电话面试筛选所提的问题

问题	从回答可以看出
为什么对这份工作感兴趣？	候选人对工作的理解
为什么选择为我们公司工作？	候选人是否做过功课
为什么会离开现在的公司？	是否同样的情况也存在于你的公司
哪些资历让你胜任这个职位？	自信程度及相关资质
你将面临的最大挑战？	自信程度及相关资质
你曾解决的最大难题是什么？	解决问题的能力
你曾取得的最大成就是什么？	候选人关注的重点
你的成就对上一任老板的影响？	成就是不是和公司相关

一个全面的电话面试可以用于初步评估候选人，决定其是否要进入下一轮面试。在电话面试阶段提出的问题（见表 3-1）可以用来核实候选人是否具备职位所要求的资质。因此，你一定要确保能获取到关键信息。

你可以参考图 3-1 所示的 9 步流程进行电话面试：准备、安排、介绍、面试、后续提问、成就与影响、录入信息、决定是否选入，以及安排第二轮面试。

图 3-1　9 步面试流程

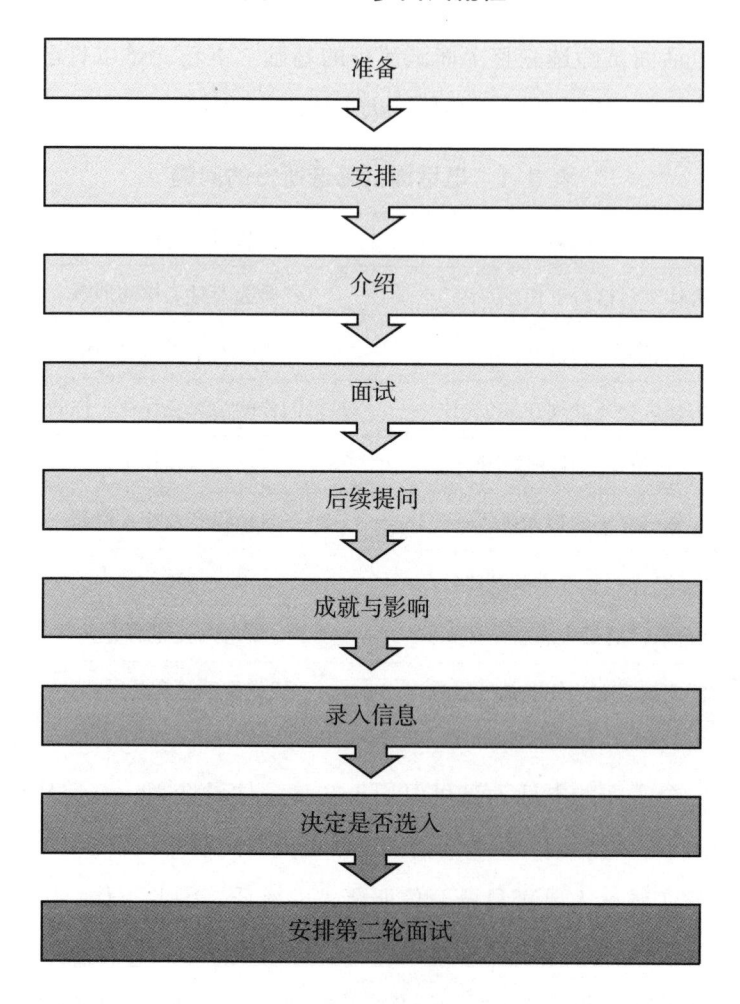

准备
↓
安排
↓
介绍
↓
面试
↓
后续提问
↓
成就与影响
↓
录入信息
↓
决定是否选入
↓
安排第二轮面试

- 第 1 步：提前准备好问题

由于时间有限，我们需要重点关注那些能够提供有用信息的关键问题。宽泛的提问很难让你判断出潜在候选人是否适合这份工作和这家公司。因此，你需要精心设计问题，体现出公司独特的聘用需求。

- 第 2 步：安排

我们可以利用一些软件来使安排面试时间这项工作简单且自动化。安排一次 30 分钟的会谈，同时还要在日程表上多预留出一些时间。此外，你还要为目前在岗、不方便在工作时间参加面试的候选人提供工作时间之外的面试安排。

- 第 3 步：介绍

先简单进行自我介绍及公司介绍。让候选人知道你曾经帮助与他们情况类似的人成功实现了职业发展。为了激发候选人的兴趣，你可以和他分享一些网上查不到的关于公司的有利信息。例如，你可以分享公司近期的收购项目、新签署的合同、公司扩张计划，或者是即将推出的新的培训项目。

> 我是芭芭拉·布鲁诺，过去 15 年来，我致力于帮助众多像您这样追求职业发展的人。为了更好地为您服务，我希望了解一下，什么对您的下一步职业发展最重要？
>
> 现在公司正处于令人振奋的发展阶段，预计未来两年会实现 35% 的增长。我们的理念是展开公司内部提拔，帮助员工实现职业发展，所以现阶段对于员工来说也是最

为令人振奋的阶段。

接下来,你要简要阐述职位空缺的相关信息。如果你是第三方招聘人员,你需要向候选人说明你有许多职位空缺,所以你需要先了解他的关注重点,再给他介绍相关公司及职位。你要向候选人说明,电话面试的目的是让双方弄清楚职位空缺与候选人是否匹配,了解候选人的职业发展规划。

我们要寻找的候选人将负责领导一支日益壮大的、由勤奋的本地开发人员组成的团队。我们希望候选人拥有跨项目、涉及多种技术的工作经验。虽然此职位不特别要求掌握某种技术或编程语言,但我们的项目主要集中于互联网的响应式设计。我们期望招聘的是那些厌倦了传统的办公室工作,渴望加入一个友善的、充满热情、充满发展潜力的团队的人。此次电话面试的目的是确认这个职位是否能满足你的职业发展需求。

- 第4步:面试问题要保持一致

针对每位候选人,你应提出相同的问题,确保一致,以便更好地进行评估比较。提问保持一致也让你的招聘工作合法合规,避免遭遇歧视性指控的风险。如果候选人在回答问题时显得有所保留,你可以提出更多问题,帮助他们放松,更自然地谈论自己。这样不仅有助于你评估候选人的沟通技巧,还能了解他们的思考方式。通常，你应该从候选人最关注什么入手提问，与他们建立起联系。

> 为了更深入地了解你，我想询问你前几次换工作的原因，以及为什么现在要换工作？

人往往受习惯驱使，一般来说，他们现在换工作的原因会与之前换工作的原因类似。当然也有例外的情况，例如候选人生活中发生了诸如结婚、离婚、生育、亲人去世或搬迁等重大事件。这类事件可能会影响到候选人，使他们更换工作的理由发生改变。

接下来，你要告知候选人你曾看过他们的简历或履历，然后问问他们现在手头有哪些正在进行的项目。大部分的简历和领英档案并不是最新的，你需要了解他们最近的工作情况，再做出决策。

> 我已经阅读了你的简历，并希望对你有更全面的了解。请问你最近参与了哪些项目？

然后，你可以根据不同的职位，提出事先准备好的问题。以下是我为公司内部招聘人员准备的问题清单。

> 你为什么会对这个工作感兴趣？
> 你为什么想来我们公司？
> 你的哪些资历使你能胜任这份工作？

● 第 5 步：提出后续问题

如果你对候选人的回答存疑，建议你继续提问以确保你对其回答有清晰的理解。你要与候选人明确他们所使用词语的含义，这表明你关心他们，不仅关心他们的回答，还关心你是否正确理解了他们所陈述的内容，候选人会因此而感激你。此外，与其询问候选人目前的薪资水平（值得注意的是，根据美国的法律，在很多州，询问此类问题是被禁止的），不如核实一下他们期望的薪资范围，确保候选人的期望与聘用预算相符。

● 第 6 步：询问取得的成就及影响

下面这些问题对于招聘和面试流程的每一个阶段都很重要。询问候选人在过去取得的成就及这些成就对公司产生的影响，是区分优秀候选人的关键所在。候选人的回答不仅能反映他们关注的重点，还能揭示他们引以为豪的事，这些信息将为我们更全面地了解候选人提供重要依据。

你可以问：

你解决过的最大问题是什么？

你取得的最重要的成就是什么，它产生了什么影响？

这些问题会让用人部门觉得，候选人在未来工作中也能取得类似的成就，产生积极影响。

● 第 7 步：录入信息

你要将你的记录录入申请人追踪系统或客户关系管理系统中，

以便所有参与聘用流程的人员都能够访问这些信息。这一步骤十分重要，因为你每天都要为不同职位面试候选人，经过几天的面试后，你可能会忘记哪位候选人在哪个具体职位中表现出色。

● 第8步：决定是否选入

在电话面试的最后阶段，你需要对所有候选人进行比较，确定哪些候选人应该入选，哪些应该被筛掉。应该被筛掉的候选人身上存在一些明显的迹象，比如缺乏动力、过分关注薪酬、领英档案与简历不相符或者对是否接受工作存在疑虑。你要给所有参加面试的候选人——无论他们是否能进入下一轮面试——都提供反馈，确保他们有积极的面试体验。这可以防止他们在社交媒体上发布负面信息，他们还可能为你举荐优秀的人才，同时针对被淘汰的候选人，你也可以帮助他们改善求职方式。你要相信自己的直觉，如果你对某位候选人有不好的感觉，就不要继续下一步。

● 第9步：安排第二轮面试

电话面试的目的是通过打电话的方式——而不是面对面的方式——筛选候选人。电话面试可以节省时间，使聘用流程更加高效。你筛选掉了不合格的候选人，接下来，就要为最佳候选人安排第二轮面试了。我强烈建议安排小组面试以提高面试效率，这样才能更加吸引最佳候选人。

第二轮：小组面试

小组面试的参与者不应超过四人，由一人领导，其他人员辅助。用人部门经理及至少两名其他聘用决策者应该加入到面试小组当中。

小组成员应该是候选人在被录用后会直接或间接与其有工作接触的人。所有小组成员都要提前做好准备，阅读用工需求，了解绩效目标及部门特点和文化。具体内容见表3-2。

表3-2 小组面试成员责任分工

组长	其他小组成员
提问预先准备好的、以绩效目标为核心的问题	进行后续提问，进一步明确回答
询问之前工作所取得的成就	进行后续提问，了解成就产生的影响
提出问题，了解判断候选人的特点和核心价值观	进一步明确回答

小组面试至少需要90分钟，用人部门经理或小组组长提出的问题要有侧重，要能评估出候选人是否能够在未来的工作中取得成功，能了解他们过去的成功经验、成就，以及他们寻求职业变动的原因。其他小组成员可以按照预先制订的计划提出后续问题，深入挖掘候选人是否适合这项工作。具体问题应涉及技术能力、工作动力、计划能力、问题解决能力及候选人的特质等。

小组成员要对照绩效目标，用1~5分为候选人的回答打分。

面试结束后，小组成员要召开会议，一起审查面试记录和计分卡，决定候选人的去留。

第三轮：实际工作面试

候选人入选后，应为其安排实际工作面试，让他们在公司里体验一天真实的工作情况。通过实际工作面试，潜在员工可以亲身体会公司氛围、公司文化和同事。了解真实的工作可能会让他们对工作更感兴趣，当然，也可能恰恰相反。以我公司为例，我们在面试招聘人员时，会教他们如何打招聘电话，给他们提供脚本并进行角色扮演，帮助他们应对拒绝；我们还给他们提供一份潜在候选人名单，他们的任务是让名单上的候选人提交简历，如果其中有候选人最终被录用或安置，他们就会得到500美元的奖金。这就是面试流程中的实际工作面试。潜在员工在体会公司氛围、文化和同事的同时，也完成了面试。

我们还发现，实际工作面试是发现最适合人选或危险信号的有效方法。在我们公司，危险信号包括害怕接听电话、破坏性人格、无法应对拒绝、过于健谈、缺乏倾听技能或过于固执己见。这些特征在电话面试或小组面试中难以识别，但与同事一起工作时很容易被发现（让公司员工参与实际工作面试，这样最终决定聘用某位候选人时，也会得到他们的支持）。

总之，实际工作面试有助于避免聘用不适合的人，同时，此轮面试的优胜者在未来的工作中也会更投入并长期留任。

第四轮：终轮面试

面试官认为能成功实现绩效目标的候选人，会进入终轮面试。

此时，举荐人核查、评估和背景调查都已顺利完成，面试计分卡也经过了审核。

终轮面试由用人部门经理进行。在面试过程中，候选人可以提出自己感到疑惑的问题，用人部门经理也将最终判断候选人是否适合公司文化、核心价值观、自己的部门和团队。在这个过程中一定要做到倾听候选人提出的问题，因为这些问题反映了他们的关注重点和担忧。你肯定不希望发出的录用通知被拒绝，所以更要把握住最后的机会去发现危险信号或问题。其次，这也是你最后一次有机会判断候选人的关注重点是否与用人单位的一致。当今劳动力市场以候选人为中心，他们还会充分利用科技工具寻找其他工作，所以本轮面试给你最后一次机会去量化候选人相较其他工作对该职位的兴趣度。

如果终轮面试非常成功，你就可以制定薪酬待遇标准，然后向候选人发出录用通知了。对于中级以上职位，你可以考虑与候选人共进午餐或晚餐，届时发出录用通知，在没有干扰的环境中让他们感觉自己的加入对你和团队来说非常重要，让他们获得鼓舞。你要事先询问候选人喜欢的餐厅和菜系，避免发生食物过敏的情况。我此前就遇到过一位雇主想请候选人去芝加哥最好的寿司店吃饭，但是候选人却不吃寿司的情况。后来我向用人单位做了解释，将晚餐改在了牛排餐厅。关注候选人的食物偏好，也能传递一个微妙信息，即你会关注每个小细节。

总结

面试是整个聘用流程的基础，你的候选人是否能投入工作并能长期留任将直接影响到他人对你的评价。在本章中，我们讲述了展开有效面试必须明确的五个关键目标及其重要性。同时，我们还介绍了采用四轮面试流程的优势。通过这四轮面试流程，你可以逐步获取有用信息，最终帮助用人单位做出最佳聘用决策。

你还了解到双方的关注重点及时间安排是如何随着面试流程的推进而发生变化的。技术手段的运用使得候选人有能力构建自己的网络并获得其他面试机会，因此，你还必须学会如何预先锁定候选人，展开多轮面试，并持续量化候选人对职位的感兴趣程度。最后，你还知道了在发出录用通知时要给对方留下难忘的印象。

要点回顾

- 面试开始之前，你应该深入理解用人单位填补职位空缺背后的动机。
- 在深入探究用人单位的动机时，你要将自己视为咨询顾问这一公司宝贵资产。
- 招聘启事背后的动机是会发生变化的。
- 你要不断地向用人单位询问："自上次谈话以来，有没有发生任何新的变化？"
- 为了确保候选人能够投入工作并长期留任，你需要准确识别他们的关注重点。

- 你要事先准备好面试问题，明白候选人对这些问题的回答可以揭示哪些问题，并做到面试时一致对待每位候选人。
- 你要认真倾听、了解候选人的价值观、工作目标和动力，以便更准确地判断候选人与职位的匹配程度。
- 倾听是为了了解候选人，所以绝对不要对其做出评判、表示赞同或反对。
- 如果你是第三方招聘人员，要考虑哪家公司的工作机会、公司文化和核心价值观与候选人最为匹配。
- 为了确定候选人的价值观，你要询问他们在过去工作中最喜欢和最不喜欢做的事情。
- 为了找出候选人换工作的原因，你可以这样问："如果你是老板，你会对当前工作做哪些改变，让它变得更令人愉快？"
- 对那些只想加薪的候选人，你要格外小心，他们也许只是利用你获得与现老板议价的机会。
- 你需要了解候选人曾经接受和拒绝过哪些录用通知，以及拒绝的原因。
- 在面试初期，你尚未与候选人建立起信任和联系，所以他们在回答问题时往往会有所保留。
- 你要对关键问题多次进行精准且深入的询问，持续了解候选人的情况是否发生任何变化。
- 通过了解候选人的短期和长期目标，你可以准确预测候选人是否能长期留任。

- 你要了解候选人曾取得的成绩，以及对前公司产生的影响。
- 绩效目标对判断候选人在特定职位上能否取得成功，具有决定性作用。
- 你可以通过候选人的工作成绩、对公司的影响、成功记录及其职业生涯中所获得的认可，判断出哪些是表现优秀的员工。
- 四轮结构化面试流程有助于避免在做聘用决策时受情绪和偏见的影响。通过这种方式，所有候选人都会被问到相同的问题，并且会得到公平的评估。
- 建议优化面试流程以更有效地吸引优秀人才。面试初期，引入全面的电话面试，帮助评估候选人的资格，选出进入下一轮面试的人选。建议采用九步电话面试流程：即准备、安排、介绍、面试、后续提问、成就与影响、录入信息、决定是否选入、安排第二轮面试。
- 电话面试的主要目的在于协助你筛选出或排除掉部分候选人。在电话面试过程中，候选人如有以下迹象，则表明其无法胜任工作：缺乏工作动力、太关注金钱、领英档案与简历不符，或者他们不确定是否会接受这份工作。
- 你要确保每个候选人都能有一次愉快的体验，这样才不会有人在社交平台发布负面信息。面试中应当对每个候选人提出同样的问题，保证一致性，以便对候选人进行更好的比较。一致的提问还能保证公司合法合规，免遭歧视性指控。
- 实际工作面试可以有效地评估出候选人是否适应公司文化或者是否存在潜在危险信号。这两点很难通过电话面试或小组面试被发现，可实际工作面试却能轻易做到。

HIGH-TECH HIGH-TOUCH RECRUITING

第 **4** 章
与用人单位和候选人确定时间安排

How to attract and retain the best talent
by improving the candidate experience

时间安排影响着每个人的工作和生活，同样也影响着聘用流程。一切若能按部就班进行，自然是皆大欢喜，但生活中难免发生意外，这些意外事件往往会影响到候选人和客户的计划。

　　你可以将自己想象成一位乐队指挥而非一名招聘人员。乐队的每位成员都根据乐谱和你的指挥演奏，节奏或快或慢。如果任何一位乐手没有跟上节奏，错过时机，就会影响整个乐队，甚至可能破坏一场完美的演出。在聘用流程中，职位空缺就像乐谱，聘用流程所涉及的每个人包括候选人则是乐队成员。你的任务是持续关注时机和节奏，确保为职位空缺招聘到最佳人选，实现完美的"演出"。

　　生活中的不确定因素经常会导致计划延误，尤其是当工作与个人生活发生冲突时。以我自己为例，作为单身母亲，我经常要在家庭和工作之间寻求平衡。记得有一次，我为重要客户安排了三个候选人面试，可就在前一晚，我的女儿突发高烧，次日清晨我不得不急忙找人照顾孩子直到面试结束。

在超过 20 年的招聘生涯中，我认识到聘用流程依赖于优质资源的获取、高效的面试流程、周密的规划和辛勤的工作，但最关键的还是恰当的时间安排，也就是用人部门的计划录用日期与候选人准备接受新工作的时间要吻合。同时，你还要意识到双方的优先级和计划不是一成不变，而是可能发生变化的。因此，你需要定期与用人部门和候选人保持沟通，确认对他们而言最为合适的时间安排。

本章将深入探讨聘用流程中时间安排的重要性，尤其要探讨在竞争激烈的劳动力市场中，时间安排不当会给你的招聘工作带来哪些障碍。同时，我们还将讨论职位空缺、聘用流程和对人才的需求这三个因素对时间安排的影响，进而了解哪些与用人部门相关的时机因素是可控制的，哪些是不可控的。

在本章中，我们还会指出在线申请流程可能存在的效率低下之处，以及科技对候选人时间安排的影响，最终聚焦时间安排会如何影响你与候选人之间的沟通。最后，本章还会介绍如何预测其他因时机因素而产生的招聘障碍。

竞争激烈的劳动力市场影响了招聘计划

你可以想象一下，你克服了重重困难，经过精心筛选和面试，为一个充满挑战的职位找到了完美的候选人，可是这位候选者却因为个人时间安排上的冲突而取消了后期面试；抑或，有时候候选者接受了录用通知，但就在入职前几天突然打电话说他改变主意了，原因是前雇主宣布要实施一项重要的奖金方案，或者他们决定接受前雇主的议价；甚至还有一些候选人可能已经入职，却借午餐之机突然消失，没做任何解释；更有甚者，招聘人员可能会接到这样一通令人毛骨悚然的电话："你招聘的人去哪了？不是说好今天开始上班吗？"如果你前一天晚上刚刚与这位候选人通话，祝他在新工作中一切顺利，那么这种情况会更让你沮丧，因为你根本没有发现任何他不打算去就职的迹象。

在这个竞争激烈的劳动力市场中，上述情况会极大地影响你的招聘工作和时间安排，这种情况屡见不鲜。最佳候选人会有多个招聘人员定期与之联系，他们会在多个工作机会之间进行选择。哪怕他们已经提交了离职通知，接受了你的录用通知，仍然有可能继续参加面试。实际上，候选人通常会要求延长离职通知期，好等待更多的录用通知。

通常情况下，用人单位虽然意识到劳动力市场竞争激烈，却不愿意缩短聘用流程，而你只能因此错失机会，失去顶尖人才。如果录用通知中规定员工可以灵活选择是远程工作还是在岗工作，会更有吸引力，但如果公司不能为潜在员工提供灵活的工作时间，也可能会失去聘用顶尖人才的机会。

用人单位与时间安排

不管你是与用人单位面谈还是通过电话了解招聘详情，你都可以想办法影响用人单位的时间安排。当你拿到职位空缺时，首先应该询问公司运用了哪些资源展开招聘，以避免重复工作和浪费时间。用人单位肯定不愿意看到你招聘的候选人与他们通过在线招聘广告找到的候选人相同，他们期望你能找到那些占据人才库85%的被动候选人。

用人单位不会因为你未能找到合格的候选人，就接受聘用平庸的人选或推迟计划录用日期。他们总是希望你能在规定的时间内，招聘到工作积极且能够长期留任的员工。

招聘过程中，你要找机会与用人单位沟通和协商录用的恰当时间安排，这几次沟通可能会成就你招聘到最佳候选人。当然，如果沟通不当，也可能让你一败涂地。你在沟通阶段获取的信息，是整个聘用流程的基础。为确保整个聘用流程成功进行，你要与用人单位明确具体的计划录用日期，以及三次面试的时间安排，要认识到这些计划的作用。如果他们只是告诉你要尽快为某些职位招聘到合适人选，你就无法判断应该何时启动招聘工作，也无法确定参与聘用流程的人是否有时间参加面试。

例如，我们的一个客户在感恩节（11月第四个星期四）后给我打电话，独家委托我们招聘人力资源副总裁，并要求在年底前完成招聘，因为客户希望能将这次招聘产生的费用纳入本年度招聘预算中。但该公司的聘用流程是五周，其间需要完成背景调查、评估及四轮面试。

于是我立即询问客户，是否愿意将四轮面试缩减为两轮，即小组面试和最终面试，对方同意了。对方还同意在小组面试后立即进行背景调查和评估,同时他们也理解了我们只能招聘到那些目前待业的人员,因为时间紧迫,在职候选人不可能提前两周向现雇主提出离职,并在年底前入职。然后,我请他提供小组面试的具体时间安排,结果他们给出的面试时间是1月5日。

我很疑惑,难道他们不是希望新员工年底前就入职吗?对方解释说,参加小组面试的人要新年后才有时间。于是最终对方告诉我,新员工可以在2月1日入职。

如果我没提前确认聘用流程参与者的可用时间,就很可能会把这项招聘工作当成首要任务,抓紧完成。要真是那样,它就会浪费我大量的时间。而现在,我们有充足的时间去寻找那些目前在职的被动候选人,并能完成整个聘用流程了。而如果我们没确认具体的时间安排,在11月就开始招聘,就可能会因为聘用流程拖得过久而失去候选人。这个例子说明,我们一定要明确时间安排,清楚计划录用日期,以及聘用流程参与者是否都有时间参加面试。这里我虽然只举了一个例子,但实际上此类情况时有发生。

此外,如果你知晓职位空缺的计划录用日期,就能更好地估算出招聘工作的启动时间。例如,针对需要稀缺技能的职位或高级职位,你需要预留较长的时间,因为你得在全国甚至全球范围内为这些职位寻找人才,其面试流程也更为复杂,耗时更久。当然,你不能过早地启动招聘,那样会很难敲定面试时间,让候选人失去耐心;但也不能开始得太晚,否则你可能无法在规定日期前找到合适的人选。

接下来,你要做的是审核聘用流程。如果面试超过四轮,你就要向用人单位说明将面试限定为四轮的好处。这样做能让你突出自己劳动力／工作场所专家的地位，帮助你改善与用人部门经理之间的关系。你可以建议将多轮面试融合成小组面试，统一进行，进而缩短聘用流程。你要与用人部门合作，共同确认聘用流程的参与人员，敲定他们能够出席面试的时间。你要确保每位面试官都能与候选人会面，确保他们有足够的时间在计划录用日期之前做出决策，同时还要明确候选人的时间安排。

　　如果职位要求在面试之后发生了变化，也会影响到招聘计划，这种情况通常发生在用工需求没有及时更新，或者候选人直属上司要求的技能未被写入用工需求时。这可能会导致招聘决策的延迟，让用人单位和候选人错过恰当时机。为解决这个问题，你可以通过邮件将用工需求发送给所有聘用流程的参与人员。就像我们在第 1 章提到的，在面试开始之前，你要让所有参与人员都了解用工需求，确保他们对职位的职责范围、技能要求和绩效目标达成一致意见。这样，你就会惊讶地发现整个流程能多么顺利地展开了。

　　作为招聘人员，你需要花时间了解用人单位对职位空缺的成本意识。如果其他员工可以临时承担该职位的工作，用人单位可能会推迟填补职位空缺的时间以节省成本。用人单位填补职位空缺的需求不强，就会影响到招聘计划。相反，如果没有人能够临时承担该职位的工作，职位空缺可能会对公司造成损失，或者当前代理该职位的员工因工作量大增而扬言要辞职，这时，为职位找到合适的人选才会成为公司的首要任务。

如果你在为一个要求颇高的职位寻找所谓的完美人选，你就要向用人单位解释，即便你能找到合适人选，也要花费较长的时间。你要在每周五的情况通报中解释招聘工作的细节以及此类人才的稀缺情况，这样的反馈有助于用人单位调整用工需求，让你更有可能在约定的日期前招聘到合适人选。

科技对招聘领域的影响巨大，不仅影响到用人部门经理，也影响到候选人。用人部门经理知道你在利用技术手段去识别人才，所以他们期望你能更快地找到顶尖人才。但是，你有责任向他们说明你能找到顶尖人才的时间，调整他们的预期。技术手段的确可以加快找到和吸引人才的速度，但我们一定要认识到，技术只是工具，不是解决方案。

潜在候选人也学会了拿技术工具当挡箭牌。你还记得最近一次潜在候选人接听你电话是什么时候吗？他们很容易躲在语音留言、邮件和站内信件背后，逃避沟通。可怕的是，他们常常忽略这些沟通方式，例如将邮件等束之高阁。我出席科技会议时，一些劳动力市场上稀缺的信息技术人才坦言，他们每周都会收到20~30封招聘人员发来的站内信，对此他们通常不会查看，觉得是在浪费时间。

虽然技术手段可以帮助你更快地筛选和推出候选人，但大多数其他招聘人员也在使用相同的技术和社交平台发布职位信息招聘和筛选候选人，并利用平台追踪候选人。因此，最优秀的人才都会受到邮件和站内信的轰炸，会有各种跳槽机会。他们会将你的工作机会与其他机会进行对比权衡，这就让你的招聘工作更加难以展开了。

如果用人部门经理愿意使用Skype等技术工具进行初始面试，会加速整个聘用流程。然而，你不能仅仅依赖技术手段去寻找顶尖人才，你的竞争优势应该体现在你所采用的高接触的方法。你需要不断确认用人部门和候选人的时间安排，确保你能够及时了解有关职位空缺的任何变化。每次与他们交流时，你都要询问："自上次谈话以来，有没有发生任何新的变化？"这有助于你预测可能随之出现的时间安排变化，而这些变化可能会影响到你填补职位空缺的能力。

虽然你无法完全控制影响时间安排的种种因素，但可以采取一些措施来减轻不当安排所产生的负面影响。你可以问自己：现在是否是招聘某人的合适时机？公司是否已经做好了吸引、支持和接纳新员工的准备？你是否愿意投入必要的时间来吸引、面试、评估，并向手头有多个工作机会的候选人发出有诱惑力的录用通知？你是否能不拘泥于常见的职位描述，在头脑中勾画出理想候选人的特征：他们应该是什么样子？为什么会选择为你的公司工作？以及被录用后，你和你的团队要如何支持他们？你是否拥有一套能够迅速、高效评估候选人的流程？

如果你找到了感兴趣的人，想要发出录用通知，就要快速启动聘用流程，迅速做出决定。评估候选人所需的时间可能会因为聘用流程不同而有所不同，但你要做到对候选人的评估标准一致并尽快做出决策，特别是当你试图吸引稀缺人才时。一旦决定录用，你就要马上发出录用通知，等待更好的候选人出现可能不是明智之举。如果时机合适，内部流程走完，你就应该在面试最后阶段最后一次评估候选人，然后发出录用通知。

当然，你还是会遇到无法掌控的、会影响到招聘计划的情况。例如，经过几个月的沟通，你终于有机会从最有力的竞争对手那里招聘到一个管理人员，他也对你的公司表示出兴趣。就在你兴致勃勃地向公司推出这位人选时，领导告诉你，尽管他们对能够招聘到这样的人才感到高兴，但目前的时机不对，公司出现了内部问题或预算问题。

当预算缩减时，尽管你找到了一个你认为会给公司带来巨大利益的人选，也只能紧急叫停招聘工作。公司内部问题或预算问题都是你无法预测的意外事件。在这种情况下，你能做的是向候选人解释说公司对他们非常感兴趣，但可能会在几个月后再联系他们。如果你能够向候选人说明时间推迟并非坏事，并不断地关怀他们，他们也可能会接受新的时间安排，毕竟他们目前有工作，并不急于寻找新工作。

候选人与时间安排

候选人是否有时间，以及候选人的时间限制，都会对你能否快速填补职位空缺产生影响。尤其是对于最优秀的候选人而言，他们可能会接触多个招聘人员，收到多份录用通知，你当然也希望尽快与他们建立起联系。一旦你在网上找到了一个有潜力的候选人，就要尽快安排电话沟通和线下见面。在与候选人通话时，你要运用第3章中学到的沟通技巧，与之建立信任关系。很多候选人可能正在工作，不方便与你深入交谈，或者不愿意在办公时间讨论其他工作机会，此时你要询问他们何时方便沟通。哪怕会面安排在周末或晚上，你也要积极配合，准时赴约。尊重他们的时间安排就是在表示对他们的关心，有助于与他们建立良好的关系和信任。

在电话沟通时，你要告诉候选人，自己如何成功地帮助有类似背景的人实现了职业发展。大多数人渴望能实现职业发展，无论是现在已经在职的，还是尚未找到工作的人，都是如此。

如果候选人是在职人员，你首先要弄清楚他们为什么要换工作，是否愿意接受面试安排，希望何时开始新工作。

如果候选人申请应聘某一职位，你要确保申请流程简洁明了。你可以亲自提交申请去体会申请人的感受，进而评估整个流程是否高效。如果申请流程耗时超过15分钟，你就要优化在线申请流程，以免失去候选人。申请流程要易操作，允许用领英档案代替传统简历。其他额外的信息、评估或审核，可以在后续阶段陆续提供。如果因在线评估、背景调查、犯罪记录核查、信用调查或其他审核造成申请流程拖沓，你就可能会失去最合适的候选人。只有目前没有工作的人才会愿意花很多时间填写冗长的申请材料，而这些人只占人才库的很小一部分，从中招到合适人选的概率较低。

纵观整个聘用流程，招聘人员唯一能完全掌控的阶段可能就是申请和筛选阶段了，所以你要好好利用，创造恰当的时机。你能否迅速筛选并完成招聘，主要取决于用人部门和候选人双方的需求和兴趣。协调双方的需求和兴趣并不容易，但你可以通过有效沟通，准确地掌握用人单位的面试流程和薪资待遇，以大幅度地缩短聘用时间。

此外，你还可以提出一些问题，帮助你判断时机是否得当。例如，你可以问："你是否要从养老基金中获得收益了？""在未来半年内，你是否会有奖励或奖金到账？""你是否有休假计划？"只要候选人不打算刚入职就休长假，你就有和他探讨无薪假期的可能。掌握这些信息可以为你、用人部门经理和你的候选人节省时间。

即便你的候选人目前没有工作，你也不能想当然地认为他们随时都能参加面试或随时能开始新工作。通常情况下，待业的候选人可能会有兼职、临时工作、合同工作，也可能在给家人或朋友帮忙，在申请失业救济金或者在做其他项目等，这些都可能推迟他们接受一份全职工作的决定。

你还需要询问待业的候选人是否在积极寻找工作，是否已经安排了其他面试，是否在等待其他录用通知。出于担心你会因此有所顾忌，但候选人不会主动与你分享这些信息，所以你要使用高接触的沟通技能，与他们建立信任和融洽的关系。你要与他们电话联系，说明情况，表明你不希望重复他们已经做过的事，也不希望将他们的简历发送给他们已经联系过的人。你还可以告诉他们，如果他们愿意告知哪些已申请的公司或工作机会是他们喜欢的或不喜欢的，就能大大提升你为他们找到合适工作机会的能力。

无论候选人目前是否在职，与他们保持紧密的联系并让他们与你分享其他面试机会都至关重要。你绝对不希望自己费时费力为候选人找到工作机会，却发现他们早已接受了其他录用通知，这再次验证了与候选人建立和谐关系和信任的重要性。当你询问他们："自上次谈话以来，有没有发生任何新的变化？"如果候选人信任你，就会坦率地回答这个问题，让你了解最新的信息。这样，你就不会因为他们的预计就职日期突然发生变化而被打个措手不及，只能无奈地感叹"生活处处充满意外"了。

我可以向你保证，即便你十分笃定为最完美的候选人找到了最完美的工作机会，你仍然会遇到出乎意料的情况。曾经，我的一位候选人想贴补家用，让我帮忙找一份工作。当时她丈夫是家庭的主要经济来源，所以她不希望工作时间太长或任务太繁重，想找一份压力较小的工作。我成功地为她拿到了录用通知，十分笃定她会毫不犹豫地接受这份工作。然而出人意料的是，就在那一天，她的丈夫提出离婚，离开了家。这些生活的变故让她决定推迟接受新工作。她觉得生活像一团乱麻，不想考虑工作的事。于是，找工作的计划就被无限期地搁置了。

你希望能持续了解候选人的最新情况，但让候选人了解聘用流程中出现的延迟或变化也同样重要。一旦出现聘用延迟的情况，你要尽一切努力与候选人取得联系，主动解释导致延迟的原因。候选人通常会把延迟录用视为被拒绝，可能会因此丧失对这份工作的兴趣。所以只要有可能，你就要向候选人详细解释导致延迟的具体原因，以免他们胡思乱想。候选人通常能够对此表示理解，所以你要给他们最新的反馈信息，增强他们对你的信任，这样你就有机会能留住候选人。

发出录用通知时，你需要确保候选人的时间规划与用人单位的计划录用日期一致。如果候选人提出要延长离职通知期，你就要警惕了。延长离职通知期，意味着候选人可能在积极参加其他面试或考虑其他工作机会。一般来说，如果不是涉及到搬迁，离职通知期通常为两周。在聘用流程中，你要不停地确认候选人的时间安排。你可以询问："如果我能在我们讨论的薪资范围内为你找到工作，你是否能够今天就提交离职通知？"如果候选人不能给予肯定的回答，你就要进一步了解背后的原因。

虽然对于用人单位和候选人来说，时间安排是否恰当是最常见的影响录用通知的因素，但延迟发放录用通知或拒绝录用通知，还可能是因为福利待遇、奖金/奖励，甚至养老金等问题。

我们首先来探讨福利待遇的问题。录用通知不仅仅包括起薪和入职日期，还包括福利待遇。你一定要在开始招聘之前就详细了解公司的福利待遇的情况，不仅要了解福利待遇的内容，还要了解候选人何时有资格享受这些福利待遇，福利是否能覆盖家庭成员，有哪些免赔项，是否需要候选人支付一部分费用，以及是否可以继续使用他们目前的医生，等等。你还需要了解不同福利待遇方案之间的差异。

如果你是第三方招聘人员，你就要掌握每个客户的福利待遇方案。此外，福利待遇的内容经常会有所变动，你每年都要向客户至少索要一次最新版的福利待遇方案。许多公司为了节省成本，会逐渐增加免赔项，如果候选人目前工作的福利中免赔项不多，他们可能会因此而拒绝录用通知。所以在面试开始之前，你需要与候选人确认他们目前的福利待遇水平及自付费用。

如果在职候选人有奖金或奖励待领取，他们也可能因此而推迟接受新工作。我曾经碰到过一个候选人为了领取度假补贴而推迟接受录用通知。当然，雇主通常不愿意等待候选人，会选择向其他人选发出录用通知。

许多公司将养老基金当作留住员工的策略，每家公司的养老基金不尽相同。例如，有些候选人可能需要任职五年才能领取养老基金收益。如果候选人只差五个月就能享受收益，他肯定会选择继续干五个月，拿到收益后再考虑换工作。因此，你一定要询问候选人是否有养老基金，以及何时可以开始享受收益，免得出现如下情况：候选人参加了你和用人单位安排的面试，表现出浓厚的兴趣，却因为要等待养老金收益而拒绝了录用通知。[①]

预测其他因时机因素而导致的障碍

时机对于聘用一事而言至关重要，原因有很多。公司希望通过引入新成员来提升团队能力，他们需要寻找和等待合适的候选人。一切顺利的话，你可以成功为他们招聘到合适人选；可是，

[①] 在我国，养老金是国家统筹安排发放的，养老保险缴满15年可以领取，和在哪家企业工作满几年无关，不能成为国内企业的留人策略。候选人在跳槽时考虑的可能是年终奖，或者在一家企业待满5年、10年有奖金可以拿，具体情况视每家企业的制度而异。——编者注

你并不是总能找到合适人选，所有这一切都取决于时机。

在当前以候选人为主导的劳动力市场中，等待时间过长可能会导致候选人被竞争对手抢走。候选人经常会同时收到多份录用通知，不断地进行比较，这已经成为现在劳动力市场的常态。然而，如果行动太快，则可能会导致候选人在没有充分评估公司和工作机会的情况下就匆忙做出决定。如果他们对自己的决定不够笃信，觉得过于仓促、考虑不周，就会最终拒绝录用通知，或者接受原公司的议价。

同样，你也需要足够的时间来全面评估候选人，否则可能会做出错误的决策，录用不合适的员工，导致离职率增长，给公司带来损失。鉴于此，你一定要对聘用流程和聘用结果进行持续的评估。你需要审查聘用流程是否实现结构化，是否连贯一致，是否所有决策者都能参与其中，都能出席面试，确保聘用流程能够顺利进行。如果你是第三方招聘人员，还需要审核所有公司和客户的面试流程。当然，如果你给出的建议最终能帮助公司聘用到顶尖人才，就能增强与客户之间的关系，让他们了解时间安排对聘用流程的影响，以及给他们带来的好处。

候选人想要确认是否找到了一份合适的工作，就必须要知晓全部情况，包括可能会出现的问题。用人单位会规定接受录用通知的最后期限，但候选人更关注的是评估工作机会、评估工作利弊以及了解公司文化。如果候选人在做决定时感觉有压力，或者没有足够的信息来做出判断，最后就可能会拒绝录用通知。你要知道，聘用流程虽然有自己的节奏，但这个节奏会受到用人部门经理和候选人时间安排的影响。

除此之外，其他与时机相关的因素也可能会影响用人单位和候选人的计划。例如，自然灾害如洪水、龙卷风、飓风、地震、海啸或火山爆发等都可能导致人员伤亡、财产损失或经济损失。自然灾害对招聘计划产生多大程度的影响，取决于受灾群体及他们的恢复能力。

2020年澳大利亚东海岸遭受的严重森林大火，生动地说明了经济损失对招聘计划产生的影响。根据穆迪分析报告（Moody's Analytics），这场灾难的损失比2009年"黑色星期六"大火造成的44亿美元损失还要严重。严重的空气污染导致农业和旅游业遭受直接损失，同时也削弱了澳大利亚消费者的信心，对灾区之外的其他地区的经济发展产生了负面影响。你能想象2020年1月波多黎各6.4级地震给招聘领域带来多大的影响吗？① 地震发生时，波多黎各尚未从2017年迈阿密遭受的飓风带来的经济损失中恢复过来。我至今仍然记得，2017年受台风的影响，我不得不重新安排我为在马尼拉的海外招聘团队进行的培训计划。为了应对自然灾害，许多招聘计划被推迟，当然，聘用新员工帮助公司恢复运营除外。

其他会影响到聘用工作的障碍还包括公司宣布合并、搬迁或出售的消息，以及公司领导层发生巨大变化。当你听到这些消息时，要及时与用人部门经理会面，了解原来的招聘计划是会被搁置还

---

① 波多黎各位于加勒比海，是美国的一个自治区，距离美国佛罗里达州迈阿密大约两个小时的航班行程。——译者注

是继续进行；同时，还要立即通知待定候选人相关的变化，及时了解他们是愿意继续等待还是选择放弃。

最后，考虑到我们所处的时代，我们还要预测恐怖主义会给经济，以及给用人单位和候选人的计划带来怎样的影响。恐怖主义袭击可能导致人员伤亡，带来巨大的经济影响。遗憾的是，虽然全球企业都在应对恐怖主义带来的惨痛现实和悲剧，但是恐怖主义威胁并没有减弱，反而愈演愈烈。这些恐怖行动对全球经济产生了一系列连锁的负面影响，造成了直接的生命和财产损失，引发了市场的不确定性，导致旅游业受损，增加了保险索赔。这些事件促进了某些特定行业如建筑业和保险精算行业的兴起，但同时也导致了许多现有工作机会停摆。你需要提前预测这些情况，给相关人员提供反馈，让他们有更符合现实的预期。

总结

第4章说明了时间安排如何直接影响着招聘工作的成与败。招聘人员在与聘用流程所涉及的两方人员协调时，面临着巨大的挑战。生活中经常会发生一些无法预料的情况，这些意外情况会对招聘计划产生影响。你的候选人可能正是用人单位迫切需要的高表现人才，你提供的机会也能给候选人带来财务增长和职业发展，然而，如果时机不对，尽管你为双方找到了最佳匹配，也无法实现成功聘用。我们还讨论了在竞争激烈的劳动力市场中，时机因素会给招聘工作带来哪些阻碍。在全球范围内，对顶尖人才的竞争愈发激烈，候选人在接受录用通知之前通常会考虑多个工作机会。本章列举了诸多此类问题，包括候选人通常会在接受录用通知的同时继续参加面试。

本章还强调了缩短聘用流程的重要性，让你了解到在争夺顶尖人才时，用人部门经理如果能提供更灵活的工作方式，会更具竞争优势。本章还介绍了你能掌控哪些因素去加速聘用流程，说明了你与用人单位的沟通互动可能是把双刃剑。沟通得当可以促成恰当的招聘计划，提升你成功填补职位空缺的能力；如若不当，可能会一败涂地。

此外，你还了解到一定要获取具体的预定录用日期和面试时间安排，这关系到你要何时开始获取候选人资源，以及何时启动招聘工作。你还学会了在审核面试流程时，一旦发现面试超过四轮，该如何与用人部门经理解释四轮面试流程的优势，以免错失时机，失去顶尖人才。你还知道了如何应对要求完美人选（紫色松鼠）的职位，学会了如何去修订职位要求以吸引稀缺人才来填补职位空缺。此外，你还了解到有一些不可控的情况也会影响到用人单位的招聘计划。

本章还探讨了时间安排对候选人的影响。你了解到在线申请要尽量简洁，筛选流程要确保能留下最佳候选人。本章还介绍了如何通过向候选人提问判断时机是否恰当，这既适用于在职的被动候选人，也适用于没有工作的主动候选人。

你还学会了录用通知要强调福利待遇，也了解到哪些情况会让候选人延迟接受录用通知。你明白了一定要在离职期及候选人新入职时与他们定期保持联系，关怀他们。你还学会了提出特定问题以做出判断，避免把宝贵时间浪费在不太可能接受录用通知的候选人身上。

本章最后还讨论了其他因时机因素而产生的问题，其中包括试图强迫候选人接受工作，自然灾害，公司合并、搬迁、领导层发生重大变化，或者恐怖主义事件对经济和劳动力市场产生影响等。如果你能提前意识到这些问题会对招聘工作产生何种影响，并运用科技手段去预测变化，就能让时机为你所用，成功填补更多的职位空缺。

要点回顾

- 竞争激烈的全球劳动力市场影响了招聘计划。
- 生活中的意外情况会导致计划延迟。
- 候选人在工作和生活之间努力寻找平衡，所以计划的延迟十分常见。
- 要保证用人部门的计划录用日期与候选人接受新工作的计划一致。
- 由于劳动力市场对候选人的需求巨大，通常会有多个招聘人员联系候选人。
- 通常来说，用人单位不会为了聘用顶尖人才而缩短聘用流程。
- 获取信息环节是聘用流程的基础，会对招聘计划产生影响。
- 你与客户的沟通互动会影响招聘计划，这是一把双刃剑，可能产生积极或消极的影响。

- 明确职位的计划录用日期及面试日期，可以帮助你确定要先为哪些职位展开搜寻工作。
- 采用四轮面试流程。
- 要提前把用工需求发给所有人，避免推出合格候选人后，用工需求再发生变化。
- 了解未填补职位空缺会有哪些成本，了解哪些问题会影响招聘的紧迫性。
- 技术手段改变了招聘工作，提升了搜寻候选人的速度，但技术只是工具，不是解决办法。
- 采用高科技、高接触的招聘方式，能让你更具竞争优势。
- 在线申请流程一定要简洁、简单，否则会造成顶尖人才的流失。
- 为了避免重复劳动，你要事先弄清楚客户已经在填补职位空缺方面做了哪些工作。
- 要了解候选人是否有时间及他们的时间限制。
- 通过提问去了解候选人现在的福利待遇情况，判断候选人是否在享受养老基金收益，以及掌握其他能影响候选人求职计划的情况。
- 要及时了解候选人的面试安排。
- 每次与候选人和客户谈话时都要问："自上次谈话以来，有没有发生任何新的变化？"
- 要确认候选人的求职计划和用人部门的计划录用日期一致。
- 在整个面试流程中，要不断了解候选人的时间安排和兴趣。你可以问他们："如果我能在我们讨论的薪资范围内为你找到工作，你是否能够今天就提交离职通知？"
- 聘用流程中出现延迟情况，要及时告知候选人，避免候选人的流失。
- 要了解候选人现在的福利待遇和你能提供的福利待遇，避免候选人因福利问题拒绝录用通知。
- 第三方招聘人员应该向每个客户索要最新的福利待遇方案。
- 一定要预判其他因时机因素而导致的招聘障碍。
- 等待录用通知的时间过长，会使你失去候选人。
- 预判因为自然灾害而产生的时间安排变化。
- 预判因为公司合并、搬迁、出售或公司领导层变化而产生的招聘计划变化。
- 预判恐怖主义对经济，以及对用人单位和候选人的时间安排带来的影响。

HIGH-TECH
HIGH-TOUCH
RECRUITING

第 **5** 章
发出会被接受的录用通知

How to attract and retain the best talent
by improving the candidate experience

为候选人拿到录用通知是对你工作的肯定。无奈的是，作为一名招聘人员，你的工作还不能就此告一段落。调查表明，一些候选人在收到录用通知后会临阵脱逃，原因多样，其中28%是因为获得了更好的机会，44%是因为收到原单位的薪资议价，27%是因为听到了有关新公司的不利传闻，19%则是因为感觉新工作缺少提升空间。

尽管你无法控制用人部门和候选人，却可以对录用通知发出后可能会出现的挑战做出预案。我发现，应对录用通知被拒绝，最有效的办法是事先了解影响候选人接受或拒绝录用通知的各种因素，然后给出有效的应对策略。

候选人拒绝录用通知的原因

我组织了在线求职研讨周会。在问答环节，有候选人透露他们曾拒绝过录用通知。于是为了帮助候选人了解自己为什么对那份录用通知不感兴趣，我们展开了讨论，并发现了一些共同的原因。

聘用流程缺乏连贯性

连贯和沟通是保证聘用流程成功的至关重要的两个因素。如果候选人发现面试流程不够连贯，遇到了久拖不决或者沟通不明的情况，他们往往就会选择拒绝录取通知。这些问题可以通过采用流畅连贯的聘用流程加以解决。对此，可参考第1章内容。

工作缺少发展潜力

新工作无法提供培训或个人发展机会，没有赋予新的职责或者提供清晰的发展渠道。在竞争激烈的劳动力市场上，候选人希望能学到新东西，为事业做出下一步规划，进而提升自己的市场竞争力。因此，关注候选人的未来职业发展道路并提供培训和个人发展机会，就显得尤为重要。

家庭的突发情况

有些时候，候选人在换工作的过程中会优先考虑家庭突发情况。如果突发情况只是暂时的，可以试着用推迟入职时间来解决问题。但是如果公司不愿就此做出让步，而候选人又以家庭为重，那么候选人很可能会认为自己不适合新公司的文化。

团队表现不佳

在招聘过程中，如果新公司员工表现过激、固执己见或者粗鲁无礼，候选人就会产生顾虑。因为他们知道应聘阶段过后，这些人的行为只会更为恶劣。他们已经能够预见到未来会发生冲突或者会面临高压的环境。小组面试可以防止聘用流程中因个别人员行为不当而未能吸引顶尖人才的情况。有其他人参与时，小组中每位组员都会清楚各自的职责，展现出最好的状态。

公司文化不契合

如果候选人每天要面对负面的、与自己不契合的、过于现代或过于传统的公司文化，他们就会觉得自己无法快乐地工作。一天之中的大部分时间都是在工作单位度过的，所以如果没有整体向上的工作环境，人们就会考虑拒绝接受录用通知。公司文化往往超过薪资，成为候选人考虑是否入职的重要因素。在面试过程中询问候选人喜欢何种公司文化十分重要，这关乎他是会成为与公司契合的合适人选，还是成为"劳民伤财"的离职人员。

公司宗旨与事实不符

候选人会因为公司宗旨与自身关注重点相契合而被吸引。可是，他们往往会从额外调查、网络上的相关评论或者与在职员工聊天中发现公司所阐述的宗旨与真实的运营情况并不相符。因此，有必要让候选人在收到录用通知前后接触新公司的同辈员工，因为他们所在部门的真实情况能完全反映出公司宗旨。候选人利用离职期这两周和新公司的同辈员工共进午餐，就可以确认公司宣传的宗旨是否真实。

薪资不够丰厚

钱虽然不是接受新工作的唯一原因，却是能影响最终决定的考量因素。如果候选人认为薪资远低于其市场价值且没有议价空间，就会拒绝录用通知。所以你可能要调整录用通知的内容，让其更具竞争力，更能体现出候选人的价值。

薪资过于丰厚

你也许会想，怎么会有人因为薪资高而拒绝录用通知呢？如果薪资远高于平均水平，很可能是因为上司或者工作环境过于严苛而给出的所谓"风险补贴"。候选人通常会去调查公司的员工留职率，如果发现留职率过低就会临阵脱逃。如果新入职人员的确可能面临一些不利因素，就一定要在面试阶段告知，让其在知情后提前做出判断，而不是等着他们自己查出这些问题。

工作与自己的核心价值观不符

每个候选人都有自己根深蒂固的核心价值观，公司的价值观不能与他们的核心价值观冲突，这很关键。比如，一个环保主义者很难为一家煤炭公司工作。当然了，这是个极端的例子。但是值得注意的是，你要在面试过程中让候选人展示他的核心价值观，并判断其价值观是否与公司的价值观相契合，这样才能不浪费彼此的时间。

生活和工作无法平衡

平衡好生活和工作对于占据了一半劳动力市场的"千禧一代"员工来说至关重要。"婴儿潮"时期出生的那一代人，生活就是为了工作，而"千禧一代"则不同，他们工作是为了生活。他们认为，一份好的工作应该有让人喘息的空间和时间，让他们能回归自我、感受快乐！如果新工作要求他们除了睡觉，把每一个小时都用来查邮件、出差、下班后去见客户，他们就会重新思考是否要接受这份工作了。如果你想吸引这个年龄层的员工，就一定要想明白怎么样去接受他们这种工作和生活平衡的理念。

工作看起来过于简单

如果工作过于简单，就很可能意味着这份工作只是平级调动而不是事业提升。候选人会担心这份工作挑战不足，不能增强他们的市场竞争力。这时候，如果你能向他们解释说明这份工作只是事业提升的一个阶梯，他们就很可能会考虑留下来。

还有其他未定的录用通知

在竞争激烈的劳动力市场上，候选人通常会同时收到几份录用通知。他们会在此之间权衡利弊，最终选择一份与事业目标最契合的工作。不要向他们施压，这样会适得其反。你要设法向他们展示，你的工作机会不仅与此时他们想做的事契合，而且能够在未来帮助他们实现事业的提升。

工作看起来难度过大

如果候选人认为工作难度过大或者过于复杂，他们就会担心是否能够完成职位要求的绩效目标。如果他们缺少学习或适应新工作职责的时间，就会选择不接受这份工作。

通勤时间过长

一旦开始认真考虑通勤时间，候选人就会发现，每天10~12个小时的工作时长会大大地破坏他们的个人生活。

你所面临的挑战还有可能来自你的竞争对手。其他公司可能会提供更高的薪资或者额外的福利去吸引你的候选人。这时你该怎么做？此外，如何让候选人的目标、要求、时机与用人部门的需求、要求和时机一致，也是你要面临的挑战。很可能在与你谈话之后，候选人的优先级就发生了改变，于是他决定先留在原单位一段时间，等待晋升机会。这时你又该怎么做？还可能候选人对你提供的职位非常感兴趣，但是这份工作离家很远，通勤时间长或通勤不便。面对上述情况，你要如何协调候选人和用人部门的需求？

在本章中，我将就你在发出录用通知后最常遇到的挑战给出应对指导。你要先做好迎接挑战的准备，然后有步骤地实施我所归纳的应对流程，发出会被接受的录用通知。同时，我还会就如何确认候选人已经提交辞呈给出建议,进一步帮助你确定候选人会接受录用通知。

应对来自竞争对手的挑战

候选人来参加你的面试的同时,通常也能利用人脉资源找到其他的工作机会,所以他们常常会收到不止一份录用通知——而且往往还会收到现任老板给出的薪资议价。你在发出录用通知之前、发出期间甚至是之后,都有可能遇到上述情况。此外,候选人还常常利用离职期这两周继续参加面试,哪怕是已经接受了你的录用通知。一旦他们认为其他工作更能满足他们关注的重点,他们就会拒绝你的录用通知。

下面我将给出一些建议,帮助你做到随时了解情况,做好准备应对竞争对手发出的录用通知或者是现任老板的议价。

1. 了解候选人是否还在参加其他面试

你一定要了解候选人是不是在积极地参加面试。大多数候选人都会安排其他面试,但是如果你不问,他们是不会主动说的。如果他们对你的询问闪烁其词,你要解释清楚,这样问是为他们着想。你可以说:"我不想让您费两遍事儿。如果我对您其他的面试有所了解,就能从您的角度出发,重新调整我的工作方向。"了解候选人是否还在参加其他面试,可以让你和用人部门做好相应的准备,更有效地推介这份工作,或是干脆将这个候选人除名,不予考虑。

2. 了解竞争对手给出的条件

优质候选人很可能还收到了其他录用通知。他们有可能会隐瞒此事，而你应该坦诚地告诉他们，紧缺人才同时收到几份录用通知是很正常的。你要让他们知道，你作为一名招聘人员很善于沟通，而且能够帮助他权衡利弊，挑选出更适合他们的工作。了解这一情况后，你和用人部门就可以判断是否需要修改录用通知的内容，尽量争取留下候选人。

我的一名候选人曾经同时收到另一份录用通知，薪资比我客户提供的要高出 1.5 万美元，但是福利和公司利润挂钩，不如我们提供的稳定。另外，那份工作不提供家庭整体保险。如果候选人自己支付这份保险，每年花费就高达 1.5 万美元。候选人对比后就发现，我们给出的薪资条件虽然看起来不高，但其实整体更好。

3. 做好准备，应对现雇主给出的议价

你肯定不愿意跟进一个在接受了你的录用通知之后又转身接受现雇主薪资议价的候选人。实际上，一些候选人面试另一份工作就是为了加大与现雇主谈判的筹码，达到升职或加薪的目的。为了避免这样的情况，你可以询问候选人：如果现雇主给出升职或加薪的议价条件，他是否会选择留下来？有些候选人会承认他们愿意留下。这种情况下，你就应该建议他们最好先和现雇主谈判要求升职或加薪，而不是去破坏他和现雇主之间的信任。你要

告诉他们，升职和加薪是可以谈的，但是一旦现雇主知道他在面试其他工作，本来可能属于他的升职机会就会落到其他没有打算跳槽的同事头上。

如果候选人在和现雇主谈判失败后接受你的录用通知，就不太可能会再考虑现雇主的议价，因为他们会觉得，现雇主是因为自己的离职威胁才不得不同意给他们升职加薪的，这让他们有一种被侮辱的感觉。

为了避免候选人接受议价，你要在面试时问下面两个问题。首先，你要问候选人是否会接受议价。如果他们的回答是"不会"或者"永远不会"，这样可不够，还无法避免他们接受议价的可能。你还要接着问他们为什么不会，逐字逐句地把他们给出的回答记录下来并读给他们听。你还要跟他们解释说，如果他们接受了议价，你会提醒他们曾经说过的话。你需要确认他们给出的拒绝原因与升职加薪无关，因为二者恰恰是他们会接受议价的理由。你要让他们给出升职或加薪都无法解决的跳槽理由。

选择工作是牵扯情感的决定。对于大多数候选人而言，跳槽意味着要离开自己的舒适区，所以整个过程十分艰难。他们现在的雇主更加了解他们，更知道怎样做会让他们有负罪感，如何让他们感觉自己独一无二、无可替代。所以候选人一旦收到升职加薪的议价，就很可能被诱惑，选择接受。此时，最好的应对办法是当面读出当时写下的拒绝议价的理由——他们自己说的话远胜于你的千言万语。

此外还要让他们写下：如果他们是老板，会对当前工作做出哪五项调整。这样做可以揭示出他们认为目前这份工作有哪些方面是无法掌控的,这就是他们离职的真正原因。如果你再把这方面因素说给他们听,就会让他们更有理由接受你的录用通知,拒绝雇主给出的议价。

4. 不断询问候选人的优先级,并确认和量化他们的回答

你要与聘用流程涉及的两方人员进行合作。正如世事无常,候选人的优先级和时间安排也是变化无常的。于是每次谈话,你都要向对方确认是否出现了任何变化。你可以简单地问:"自上次谈话以来,有没有发生任何新的变化?"这样问,你就会很容易察觉变化的发生。此外,你还要让候选人用 1~10 分来量化他们对工作的兴趣度。给分不足 10 分时,让他们说明怎样才能达到 10分。如果他们打分很低,这份工作最好就不要继续考虑他们了。

应对来自候选人的挑战

第一次面试时,候选人会将你看作一个他们不认识、不信任的陌生人。在回答你的问题时,他们会有所保留,因为双方尚未建立起联系。随着沟通加深,他们才会慢慢打开心扉,与你谈论起他们的优先级、目标和担忧。但是你要牢记,随着周遭环境的变化,他们的优先级也会发生改变。优先级的改变很可能会让候选人产生暂缓换工作的想法,还有可能与你提供的工作机会不再匹配,你的工作不再能满足他事业发展的需要了。

你还要明白，候选人的配偶或家庭会对他们的决定起到很重要的作用。配偶对他们的重大决定有很大的影响力——换工作就是重大决定之一。候选人很可能在面试流程进入末期时才和配偶讨论新工作的细节问题，如果新工作存在工作时间过长、经常出差、通勤时间长等问题，或者存在其他不便因素，候选人的配偶就很可能会劝服其拒绝这份工作，等待更好的机会。

为了应对以上提到的候选人优先级和时间安排的变化，以及家庭成员的担忧，我给出如下建议：

1. 一定要弄清楚候选人的优先级

弄清楚候选人在乎的事情，是一个持续的过程。如果你和候选人建立了联系和信任，他们就更愿意和你分享他们的工作目标和动力，以及他们面临的问题和顾虑。定期跟进候选人，说明你明白无论是周遭环境还是他们的优先级都在不断地发生改变，同时也向他们表明，你是可以信任、可以坦诚相待的。

我记得曾经有一位候选人，时任某公司人力资源副总裁。这位女士为了离孙辈近一些，有意去芝加哥工作。但是就在面试流程走到一半的时候，她的母亲被确诊为癌症晚期。为了照顾母亲，她决定暂时不去外地工作了。直到两年后她母亲去世，她才搬去芝加哥。由于我们之前建立了良好的关系，她感觉与我们合作很舒服，于是就继续让我们帮她在芝加哥找工作。

归根结底，招聘行业就是寻求建立联系。如果你能花时间和候选人建立联系和信任，他们日后也会为你举荐高端人才，选择继续使用你的服务。

2. 量化候选人对职位的兴趣度

每一次和候选人谈话,你都一定要问,自从上次谈话后,他们是不是有任何变化;你还要让他们用 1~10 分去量化自己对工作的兴趣度。这样做很有用。接下来,请他们将你提供的工作与他们会考虑的其他工作机会进行比较并排序。很有可能他们给你提供的工作机会打出 9 分的高分,你正为此暗自窃喜,结果很快他们又给其他工作机会打出了 10 分。

3. 直面危险信号

招聘人员都希望候选人能够接受自己的录用通知,于是我们时常会有意无意地忽略候选人透露的那些我们不愿看到的危险信号和不利信息。就招聘这一职业而言,一定不要有选择地听取信息——我们往往会犯这样的错误,尤其是当我们的候选人成功杀入重围,成为佼佼者时。然而危险信号并不会因候选人即将获得录用通知而消失,它们终究会浮出水面,甚至常常导致候选人最终拒绝录用通知。

我刚工作时,我的一个候选人对我说新公司财务部员工都比她年长很多,她很担心这一点。对此我没太在意,只是解释说财务部员工之所以年纪大,是因为他们被录用后工作投入、留任率高,并且升职到了高级职务。但是后来这位候选人拒绝了录用通知,她说:"和年长一倍的人一起工作,我感觉不舒服。我和现在的同事相处得很好，现在这份工作就不存在这样的问题。"如果我当初再多问几个问题，了解她为何会有这样的顾虑，也许我就会把她从面试名单中删除了。那样既能节省时间，又能避免面对用人部门时的尴尬。

危险信号和问题不会凭空消失。事实上，随着聘用流程的推进，它们会越发凸显。因此，一旦出现危险信号，你要立刻和候选人谈话，问他们出现了什么问题，了解他们的想法，弄清楚这个危险信号会对他们的决定有怎样的影响。有一些危险信号的确是致命的，但也有一些并不会影响候选人接受录用通知，也不会阻止用人部门发出录用通知。作为一名招聘人员，你的工作就是要找出危机，直面危机，向候选人提出问题，并根据他们的回答判断危险等级。

4. 询问候选人是否曾后悔离职

在面试有十几年工作经验的候选人时，你可以问他们：是否曾经因为离开某份工作而后悔？为什么会后悔？这些问题可以帮助你洞察他们会毫不犹豫地接受哪一类工作。

在竞争激烈的劳动力市场，公司会选择重新聘用已经离职的员工。如果你是第三方招聘人员，可以联系候选人的老雇主，让他们知道你的候选人是他们曾经的员工，并询问他们是否愿意重新聘用这位老员工。大多数公司会很快给出反馈，告诉你候选人是否有资格被重新聘用。

5. 把握时机

我们曾在第 4 章讨论过，时机对于招聘而言意味着一切。如果时机不对，候选人就会拒绝你的录用通知。从和候选人的第一次谈话开始，你就要清楚地辨认时机，直至整个面试和聘用流程结束。如果候选人的时机有变，你需要积极主动地应对。询问候选人相关问题，掌握其新的时间安排，然后与候选人和用人部门一起做恰当的调整。

6. 了解候选人配偶的想法

如果新工作涉及搬家，你就要弄清楚候选人的配偶、伴侣或者其他重要家庭人员是否赞同这件事。尽管候选人原本对去异地工作并没有任何抗拒，但是如果让他们以牺牲某些重要关系为代价，他们也可能会拒绝录用通知。任何时候，你都要主动解答候选人配偶提出的有关工作地点、附近学校或者劳动力市场情况的问题。这样，你就可以在面试阶段尽早获得他们的支持。

你要弄清楚候选人为什么会对异地工作感兴趣，理由越充分，最终候选人接受录用通知的可能性就越大。你可以让当地商会、学区（如果候选人有孩子）、商业促进会给他们寄去相关信息，或给他们提供一些其他体现当地亮点的宣传册。听他们聊自己感兴趣的事，并额外提供一些诸如私人垒球俱乐部、舞蹈工作室或其他个性化的信息，满足候选人及其家人的需要。如果公司打算安排候选人配偶去异地参观，你一定要事先拿到行程安排，确保这次参观可以为他们的好感度加分而不是减分。

7. 弄清楚通勤范围

候选人通常会面试一些超出其通勤意愿的工作，寄希望于用人部门能够为最佳候选人提供住宿。大多数的候选人很清楚自己愿意承受的通勤距离。尽管他们可能会面试一些超出舒适范围的工作，可是一旦考虑清楚每天的通勤困扰，他们往往最后还是会决定放弃这类工作。通勤距离过长意味着花销大，存在汽车损耗、过路费、汽油费、停车费的问题；即便是乘坐公共交通，也会因通勤时间过长而费用大增。所以，通勤距离一直是候选人考虑是否接受新工作时的考量要素之一。

在讨论通勤问题的时候，要询问用人部门经理：新工作是否有远程在线工作的可能，是否有拼车的机会，能否报销通勤费用或提供交通补助。

应对来自用人部门的挑战

对于候选人而言，合理的职业变动的确诱人，但是一旦发现其实目前的工作有更好的奖金、激励机制和福利，他们对新工作的热情就会骤减。许多公司的保险有很高的免赔额，如果候选人目前的工作提供了家庭整体保险，而新公司福利包含的保险不仅保费高，还不能涵盖整个家庭，那么他们很可能就会拒绝新工作。此外，如果新公司福利需要从净收入而不是从税前工资中扣除自付费部分，或者新保险不包含候选人现在看的医生，他们也很可能拒绝新工作。此外，带薪休假天数少也很可能成为他们拒绝新工作的理由。

如果新工作要求候选人搬家，他们也很可能会拒绝录用通知。新工作一旦涉及搬家，就意味着候选人要面临两大生活改变——改变工作和改变生活地点。由此而带来的压力很可能导致候选人最终放弃新工作。我本人就经历过这样的事。我的候选人想搬到离母亲近的地方，方便照顾她。她卖掉了房子，给女儿注册了新的学校，交了新公寓的首付，对福利更好的新工作满怀期待。但是当搬家公司的车到她家门口时，她却变卦了。我给她打电话询问情况，她说她的猫死了，这让她有不祥的预感，所以决定不搬家了。我安慰她说我遇到过好多类似的情况，让她再给自己一周的时间来调整一下。我甚至给新雇主打电话，成功地为她申请了延期一周入职。可是她最后也没能适应这两大巨变，决定拒绝新工作，留在原地。

接下来，我将就如何发现并应对因福利变化或搬家带来的挑战给出一些建议。

1. 成为福利专家

医疗花费持续增高，这导致医疗保险已经成为候选人考虑是否接受新工作时的一个重要考量因素。所以你要明确候选人目前保险的承保范围、免赔额度和自费比例；要知道他使用的是哪种保险计划，以判断他们是否候能继续看现在的医生；你还要知道现公司提供的是个人保险还是家庭保险。

2. 弄清楚候选人想搬家的原因

许多候选人是因为厌倦了寒冷的冬天，所以想去比较温暖的地方工作；还有一些候选人是想去大城市寻求更多的发展机会。这些都是很好的搬家理由，但还远远不够。候选人很可能不喜欢冬天，但是考虑到要离开家人、朋友和四季分明的地方，他们也许就动摇了。许多候选人想要去大城市发展，但他们并没有意识到大城市生活成本高，一旦有所意识，他们也常常会改变想法。

促成搬家的主要原因则包括较低的生活成本，更高薪的工作，对新地点的喜爱，以及配偶的影响、兵役的规定、婚姻的变化、子女的需求或者回家团聚等等。有很多网站可以计算出搬家产生的生活成本变化。在面试初期，你就要和候选人分享这些信息。如果候选人一直梦想能在加利福尼亚州生活，那么你要告诉他加州的生活成本、缴税情况及其他相关数据。如果候选人搬家是为了离家人近一些，那么搬家就几乎不会成为他们拒绝新工作的理由。

如何发出录用通知

顶尖人才十分难求，于是我们就更要注意发出录用通知的方式。鉴于劳动力市场竞争非常激烈，我建议首先由用人部门经理亲自发出录用信息，营造出一种温暖的欢迎氛围。接下来就要发出书面通知或电子邮件，交流新工作的相关细节。

在书面通知中，用人部门经理最好鼓励候选人多提问题，并探讨原公司议价的问题。你一定要提醒用人部门经理，原公司很可能会在两周离职期内甚至新员工入职后发出议价。要让新公司意识到来自前雇主的竞争，这样新公司才更有动力去支持、关怀和鼓励新员工。

撰写正式的录用通知书

虽然法律上没有要求公司提供书面的录用通知，但是许多人才招聘专家都会给新员工发录用通知书。通知书不仅可以说清楚关键细节，也可以让你的公司在候选人收到多份录用通知的情况下脱颖而出。通知书的基调要积极向上，要让候选人感到公司的温暖和欢迎之意，以及期待他加入的兴奋之情，还要说明他接下来要做什么，比如打印通知书、签字确认并寄回公司办公室。

内容恰当的通知书既可以为公司提供法律保护，也能确保候选人了解相关情况，可以顺利履行其工作职责。如以下范本所示，录用通知书主要包括8个部分。

录用通知书范本

20××年9月28日

乔迪·坎贝尔(Jodi Campbell)
京士威大道1234号
伊利诺伊州芝加哥60601

亲爱的乔迪:

我谨代表TJJ&J公司(以下简称"公司")很荣幸地向您发出录用通知函。本函阐明了基本雇用条款和条件。入职之前,请确保了解相关条款内容。请仔细阅读本函中列出的条款。如有需要,请提出疑问。有问题请联系泰勒·琼斯(Tyler Johns)。

签署此函,即表示您已同意以下条款:

1. 任职生效日期为20××年×月×日。
2. 您的基础年薪为110000.00美元。您需完成所有工时。从中扣除法定的扣款(半月实发金额为4538.00美元)。
3. 您将获得您的团队净销售额5%的超额收益,按季度支付。
4. 福利于入职当日开始生效,由公司100%支付。
5. 作为公司员工,您将了解与公司运营、产品和服务有关的机密或专有信息。同时,对于您可能已经掌握的前公司机密或专有信息,您不应该使用或披露给公司的任何人。您将被要求阅读、填写并签署公司标准的员工保密协议,并在您入职当日或之前将其交回公司。此外,公司要求您遵守与前公司签订的任何现有或持续的合同义务。签署本聘用函,即表示您在本公司的工作不会违反您与任何第三方达成的任何协议。

6. 您的职务是销售副总裁，您的职责是管理我们目前的销售团队，雇用更多的客户经理，拓展新的销售区域并增加销售额和利润。

7. 签署此函，即表示您同意阅读和预览公司的员工手册。该手册概述了员工福利及公司的政策和流程。公司保留修改这些政策和流程的权利。

8. 您和公司之间的全部协议，以本函为准，取代之前任何形式的口头、书面、明确表达或暗示的安排、陈述和承诺。

9. 如果您同意上述纲要，请在下面签字。本函在五个工作日内有效。

我们期待着您加入我们的团队。为了确认您同意并接受这些条款，请您在本函签名，并将其交回给杰登·莱恩（Jayden Ryne）。

此致

卡森·格罗卓斯基

人力资源副总裁

我同意本函中的聘用条款。

乔迪·坎贝尔

日期

1. 职务及职位描述：包括准确的职务名称、直接主管、主要职能和绩效目标。

2. 起始时间和工作时长：包括商定的入职日期，以及候选人将在哪些天和哪些时间工作。如果是远程工作或没有固定的工作时间，也要一并说明。

3. 薪资：包括薪资数额、支付方式和时间。如果有奖励或奖金，也要加以说明。

4. 福利和相关条款：福利应该包括保险、假期或带薪假期天数、自费金额（税前还是税后），以及资格条件。你可以将福利方案的详情附在录用通知书后。

5. 任意雇用声明：员工有权利在任何时候辞职，公司也有权利在任何时候以任何理由解雇员工。但是公司必须出示有关文件，概述该员工的工作表现，该员工为提高业绩做过哪些努力，以及导致其被解雇的具体细节。该文件应保存在员工的人事档案中，如果可能的话，应由公司和员工双方签字。员工有义务履行其工作职能，不泄露公司机密信息。此外，建议员工在辞职时提前两周提交离职通知。

6. 保密协议或竞业条款：由候选人签署，表明其同意在离开公司后的一定时间内，不为直接竞争对手工作。

7. 特殊事项清单：包括任何候选人被正式录用必须满足的条件，如通过药物或背景调查。

8. 正式接受工作的最后期限：录用通知书要包含入职指导，要明确签字并交回通知书的最后期限。通知书的所有内容应经过法律顾问评阅和批准。①

帮助候选人辞职

在这个竞争激烈、以候选人为主导的劳动力市场中，候选人辞职的过程也和以往不一样了。换工作会对候选人的生活产生重大影响，他们可能对新工作跃跃欲试，但同时也会对前雇主怀有拳拳之情。虽然有些尴尬，但你一定很想确认候选人是否已经递交离职通知。通常情况下，候选人除非收到不止一份录用通知，否则不会主动递交离职通知。

你应该为候选人提供离职通知范本，帮助他们体面离职，避免出现闹得太难看的情况。辞职信范本如下。

---

① 国内招聘实践中，录用通知书的条款应根据我国《劳动法》相关规定做相应调整。——编者注

辞职信范本

20××年9月28日

ABC 公司首席执行官
710N 大街
伊利诺伊州芝加哥 60601

亲爱的杰克：

  此信是我辞去销售经理职务的通知。我最后的工作日期将是 20××年10月9日。我已经接受了一家公司的录用通知，将担任销售副总裁一职。该公司成长迅速，我的职位有利于我的职业发展，并且出差少、报酬高、福利好。

  过去的三年能为您工作我很高兴。我的职业生涯的亮点之一是争取了三个客户，并将其发展成我们五大创收客户的成员。我还招聘、培训和指导了两名新的客户经理，他们正蓄势待发，准备为公司创造佳绩。

  我祝愿您未来取得更大的成功，并希望能顺利完成工作交接，不会因为我的离职给公司销售或利润带来负面影响。

  再次感谢您给我为 ABC 公司工作的机会，祝愿贵公司明年的销售额再创新高，并期待着与您保持联系。您可以随时通过电子邮件 jodi@域名.com 联系我，或者打电话给我，电话号码是 555-555-5555。

  此致

乔迪·坎贝尔

在确认候选人已经辞职后，你要告诉他们，现在你要去原公司展开背景调查了。确认候选人已经辞职是一种保障策略，不仅能确保候选人接受录用通知，而且能确定他们已经辞职、能在规定日期入职。你还要不断地让候选人给你举荐原公司的其他人才。如果他们能把前同事举荐给你，他们接受原公司议价的可能性就会大大降低。

总结

帮助候选人获得工作机会，是你工作出色的体现之一。然而遗憾的是，招聘人员的工作并没有就此告一段落。本章讲述了如何准备并应对发出录用通知时可能出现的挑战。你已经知道要经常询问候选人，自上次谈话以来是否有什么变化，还知道了量化所有回答的重要性。你还知晓了以书面形式发出录用通知的重要性，以及帮助你的候选人写离职通知的益处。如果你能遵循本章给出的建议，你所发出的录用通知就会被接受！

要点回顾

- 大多数候选人会安排其他工作面试。如果你不问，他们是不会主动说的。
- 了解候选人是不是还有其他面试，可以让你自己和用人部门做好应对准备。

- 优质候选人很可能还会收到其他录用通知。此外，要询问他们是否会接受前雇主给出的议价。
- 每一次和候选人谈话都要问："自上次谈话以来，有没有发生任何新的变化？"找出可能发生的改变。
- 请候选人用 1~10 分来量化对新职位的兴趣度。
- 发现危机，立刻应对，并依据候选人的回答判断危险程度。
- 如果新工作涉及搬家，要确认候选人的配偶或其他重要关系人知情和同意。
- 是否接受新工作，通勤时间往往是考虑因素之一。
- 顶尖人才难求，竞争激烈，所以要特别注意录用通知的发出方式。
- 书面录用通知能够帮助明确重要细节。如果候选人收到多份录用通知，书面录用通知可以让你的公司脱颖而出。
- 为候选人提供离职通知范本，帮助他们体面地离职而不至于让场面难看。

HIGH-TECH
HIGH-TOUCH
RECRUITING

第 6 章
采取有效手段，减少意外发生

How to attract and retain the best talent
by improving the candidate experience

在招聘过程中，意外事件往往给招聘工作带来不利影响。用人部门理想候选人的标准可能会发生变化，所以你也要随之调整招聘目标和计划。有时候，候选人虽然接受了你的录用通知，却仍然参加其他面试。其他常见的意外情况还包括候选人接受了竞争对手的录用通知或前雇主发出的议价。在这种情况下，你需要及时向用人部门汇报，确认是否需要修改录用通知，还是考虑放弃这位候选人，重新寻找其他合适的人选。

你不能想当然地认为候选人仍然愿意从事他们目前所从事的工作。当前工作总会存在一些令人不满意的地方，而候选人可能希望在下一份工作中能够避免这些问题。大多数候选人会接受对职业发展有利的工作机会。如果新工作对候选人而言只是简单的平级移动，他们可能会认为你更注重满足用人部门的需求，从而质疑你为候选人服务的忠诚度，于是也不再对你忠诚。最糟糕的情况是候选人自己找到了更适合的职位，而你却既失去了候选人，又不得不面对失望的用人部门。

招聘的过程就是与人打交道的过程,人的善变使意外事件避无可避。尽管如此,招聘人员仍可以通过与用人部门和候选人建立信任和联系来降低这些令人沮丧的意外事件的发生概率。要建立这种联系,需要采用高科技和高接触的方法。虽然科技手段可以筛选出符合关键条件的候选人,但我们不能错误地认为,这就是建立起了联系。真正的联系需要全身心投入,在面对潜在候选人时,需要采用高接触的方法。你要花时间向候选人提问并倾听他们的回答,准确地了解他们所关注的优先事项。这是建立关系和信任的开始。沟通越顺畅,越能避免令人不喜的意外发生。

在本章中,我概述了一些高接触的招聘技巧,帮助你建立良好的关系和信任,让你在与候选人和用人部门合作时,避免意外事件的发生。你将学到一些有关预先锁定、面试准备和面试总结的技巧。这些技巧不仅适用于与候选人的互动,同样适用于与用人部门的合作。此外,你还会了解到,掌握候选人的偏好并量化候选人对职位的兴趣程度,可以显著减少候选人"敷衍"的情况,提高你成功为顶尖人才找到合适职位的能力。

采用预先锁定方法,确保双方理解无误

通过"预先锁定"进行清晰透明的沟通,有助于确保你和候选人对用人部门提出的条件理解一致。在很多情况下,我们可能只是在用耳朵听,并没有真正用心去理解候选人或用人部门的意

见。预先锁定的方法能够帮助你确保双方对职位空缺的相关描述中或谈话过程中提到的词理解一致。例如，在询问用人部门对职位的具体要求时，应当明确其含义，反复确认，确保你们双方的理解是一致的。通过谈话确认对相关内容的理解无误、达成一致，这就已经迈出了建立关系和信任的重要一步。

如下所示，搞清楚"靠得住"一词的含义，对于找到合适的候选人至关重要。如果没有明确这一点，你可能只会找到一个能把工作做好的候选人，而非最佳人选。再比如，你可能会意识到候选人的通勤时间过长，也知道他更喜欢坐班和居家办公并存的工作。但是在最初的面试中，通勤距离问题被忽视了，并未得到讨论。然而如果采用预先锁定的方法，我们就能搞清楚第一个例子中关键词"靠得住"的真正含义（每天能够按时上班），从而更好地为用人部门和候选人服务。

用人部门：重要的是要招一个靠得住的人。

你：我想确认一下我所理解的"靠得住"是否准确——你所说的"靠得住的人"，是不是指能用尽一切方法完成工作的人？

用人部门：不是。我们要找的是每天都能按时上班的人，出勤率在我们部门是个问题。

重复客户所说的话也能够帮助你发现隐藏的误解，引导客户去调整对空缺职位的某些要求。这不仅大大节省了你寻找合适候选人的时间，还可以避免用人部门筛掉你选中的合格的候选人。这样，你才有机会为更多的候选人安排适当的面试机会。

在预先锁定候选人时，重点是要搞清楚他们用来描述新职位的某些关键词的确切含义，比如"晋升"或"薪酬"。如果对这些词的理解不清晰，你就有可能对候选人希望实现的目标产生误解。于是你安排的面试很可能没有切中要害，最终导致候选人不去参加面试。

候选人：我想找一份有发展的工作。

你：您是想找一份可以让你更有前途，而不是前途渺茫的工作吗？

候选人：不是。我说的"发展"是指赚的钱更多，我并不在乎职务。

在预先锁定候选人时，澄清关键词可以避免意外事件，显著减少候选人不参加面试的可能性，这种情况还常被称为"不出现"或者"敷衍"。

在预先锁定候选人或用人部门时，你要意识到，面试流程中总有变化产生。这可能涉及时机、绩效目标、所需资格证明，或者用人部门或候选人的优先级发生变化。这些变化或意外事件往往会使你难以成功填补职位空缺。作为一般惯例，我建议你定期向用人部门和候选人了解情况，问他们："自上次谈话以来，有没有发生任何新的变化？"让他们思考是否发生了变化。如果确实有变化，你可以使用预先锁定的方法明确这些变化。我常常思考为什么用人部门和候选人不随时告知我们新情况，但是多年的工作经验让我明白，如果你不主动询问，他们很少会主动告诉你发生了哪些新情况。

帮助候选人准备面试

Indeed 招聘网的一次调查显示，有 83% 的公司曾经遭遇过候选人"敷衍"的情况。那些曾经"敷衍"用人部门的候选人中，有一半没有去参加面试是因为与招聘人员缺乏有效的沟通。帮助候选人准备面试，不仅可以加强双方的关系和信任，还能够让候选人更自信、更充分地准备面试，让他们比那些准备不足的人更具优势。获得工作机会的往往不是最有能力的人，而是在面试中脱颖而出的人，因此这个过程至关重要。

你在与候选人见面之前，要做好充分准备。为了避免向候选人推荐平级职位，你需要全面了解候选人的背景、他们对职业发展的定义，以及他们关注的优先级。此外，你需要完全了解职位空缺及其绩效目标，能够向候选人解释在最初的 6~12 个月内将如何评估他们的工作，采用什么样的标准。在面试准备中，你还应该了解整个面试流程的细节。如果你是第三方招聘人员，那么你需要储备相关知识，充分了解每一位客户所采用的聘用流程的细节。

你需要清晰了解：共有几轮面试、面试的类型（例如电话面试、小组面试、个人面试），以及有哪些面试官（他们的名字和头衔）。

此外，还要明确候选人在面试时是否需要接受评估、填写表格或者参加考试，也要了解用人部门是否会进行背景、信用调查或药物检测。我在芝加哥市中心工作时，有一次我的候选人需要接受药检。于是在与候选人进行面试准备时，我提醒他们不要食用当地的一种美食——芝加哥热狗。这种热狗使用的是罂粟籽面包[①]。罂粟籽在被收割的过程中会吸收鸦片的汁液，而鸦片是构成阿片类药物的成分之一。尽管罂粟籽经过了严格的清洗，被加工成烘焙食材，但仍可能残留些许药物。虽然浓度很低，不足以产生阿片类药物的药效，但在药物测试时仍可能呈阳性反应。这个例子说明了帮助候选人进行面试准备的好处。类似的案例不胜枚举。

不过，并非所有候选人都会理解面试准备带来的好处，有些人可能认为这会浪费他们的时间和精力，对此不感兴趣。为了提高候选人的重视程度，你可以巧妙地避免使用"准备"这个词，而是告诉他们，你已经掌握了一些关于工作、公司和面试官的信息，希望与他们分享，提升他们的竞争力；更为明智的方法是告诉候选人，目前还有其他人正在面试这个职位。人们通常会对他人追逐的东西产生兴趣，所以要告诉候选人，有人与之竞争。同时，你还可以鼓励候选人在面试前主动提出与职位或公司相关的问题、说出顾虑，强调现在是提问的最佳时机；建议他们在会面前使用谷歌等搜索工具、做公司调研，还要鼓励他们写下要问的问题。如果候选人目前有工作，建议安排一个适当的时间，确保能够与

[①] 罂粟籽本身不具有成瘾性，在西方是一种传统的食品原料。——译者注

他坦诚交流。有效的面试准备应该是双向的沟通，这可能需要安排私人的办公室或者利用候选人下班的时间。面试准备有助于候选人以最佳状态参加面试，脱颖而出，因此绝不能敷衍了事。通过这样的方式，候选人能够更充分地了解情况、保持自信、准备充足，大大减少候选人"不出现"或"敷衍"的情况。

与候选人分享工作细节和面试流程：第一个 15 分钟

候选人的面试准备可以分成两个阶段，每个阶段仅占 15 分钟。最初的 15 分钟用来确认面试的时间、地点、安全措施、身份验证所需的文件，以及可能需要填写或完成的任何纸质文件、测试或评估等。清楚上述面试组织安排后，你需要概述岗位职责并审查候选人的资格。比如，我在审核资格时，会要求候选人分享与每一项职责相关的工作经验，问一些具体的问题，例如，"你以前是否做过这类工作？是否有相关工作经验使你有资格承担这项工作？如果下一份工作仍然包含相同的岗位职责，你是否愿意接受？"这些问题可以让你了解这个候选人能否满足用人部门的需求。

在确认完岗位职责后，我通常会请候选人谈谈他们的问题和顾虑。最好在面试之前就发现他们潜在的顾虑或危险信号。接下来，我会要求候选人用 1~10 分给他们对这一职位的兴趣打分。如果他们没有给出最高分 10 分，我会进一步询问："如何能让你打出 10 分？"在第一阶段的面试准备结束前，我会提出一个极为重要的问题："如果你收到了录用通知，薪酬也在我们讨论范围之内，今天你会接受这份工作吗?"

这个问题中最关键的词是"今天"。正如我们在之前的章节中所讨论的,时机对于成功填补职位空缺至关重要。这个问题可以让候选人表露出是否还有其他面试或悬而未决的录用通知。我鼓励候选人将这份工作与其他工作机会进行比较并排名,好判断是进一步跟进这位候选人,还是将他从候选人名单中删除。

候选人如果对这一问题给出以下回答,则可以考虑继续跟进:比如他们表达想要与直接上司沟通,希望先听听伴侣的意见,或者想先感受一下公司氛围。值得注意的是,候选人对工作的兴趣度至少要达到 7 分(满分 10 分)以上,你才能有理由相信,他们对这份工作还是有一定兴趣的。

如果你有强烈的理由认为候选人不太可能接受录用通知,那么取消面试对候选人和用人部门都是最有利的决定。否则,候选人可能会因为对工作不感兴趣而选择不参加面试,这是你和用人部门都不愿意见到的事。

进行模拟面试:第二个 15 分钟

在面试准备的第二个 15 分钟里,关键是要教会候选人如何有效地回答面试中的问题。虽然不必提供具体的答案,但要确保候选人在整个面试过程中做到表现从容。根据我的经验,如果候选人没有销售经验或频繁换工作的经验,他们在面试时可能难以保持从容。很多人害怕表现得过于自信,所以在回答问题时可能显得太保守。然而,这种保守常常会被用人部门误解为对工作缺乏热情，造成候选人不被列入考虑之列。

为了帮助候选人轻松地讨论他们的成就和经验，我建议他们将面试看作试镜。他们参加试镜的目的是找到工作，不是揭示真相。我常常将面试过程比作演员为了参演一部心仪的电影角色而进行的试镜。只有通过试镜，导演才能判断出谁是最适合这个电影角色的演员。同样，面试就是一种试镜。候选人的目标是让用人部门相信自己是最佳人选。候选人需要给用人部门留下深刻的印象，使他们能够想见到他在这份工作中的表现，并将其与其他候选人进行比较。

接下来，需要进行角色扮演，让候选人能更加从容地参加面试。在这个过程中，请注意不要纠正候选人的答案是否合适，或是给他们提供答案，因为这可能破坏你们之间建立的联系和信任。你的任务是扮演用人部门的面试官，向候选人提问并聆听他们的回答。如果你认为他们的回答不够恰当或者可能导致他们被淘汰，你可以与他们互换角色，让他们扮演面试官，向你提出同样的问题，然后你重复他们的答案。这样，他们会自然而然地察觉到回答中的问题，并意识到为何需要修正回答。在这个过程中，切勿否定候选人的回答并告诉他们应该说什么，这样的做法会让候选人觉得你在引导他们歪曲事实。任何修正都要由候选人自己说出来。

此外，要确保候选人在面试前准备好要问面试官的问题。指导他们通过提问来洞察每个参与面试的人关注的重点。面试官关注的重点各不相同，这取决于未来他们与候选人的工作会有怎样的交集。

例如，比较典型的问法是："你认为员工应具备的素质中，哪种最重要？"如果候选人没有提前准备好问题，则很可能会问一些比较以自我为中心的问题，如："每年有多少假期？"候选人适合问的问题还有："我对这个职位非常感兴趣，也有信心能够胜任。但更关键的是，你觉得我能胜任这份工作吗？你认为以我的经历和资历，是否适合这份工作？"这可以让你在不清楚面试官是否存在顾虑、是否有可能淘汰候选人的情况下，就让候选人抢占先机，阐明他们对工作的浓厚兴趣以及对自己能力的信心。对这一问题，面试官通常会先给予正面的反馈，如果他们用了"但是"一词，就表示他们要开始说顾虑了。候选人只要有充分准备，就能巧妙地回应顾虑。他可以说："我完全理解你的担忧，请让我解释这为什么根本不是问题。"一旦能够有效地回应并打消面试官的顾虑，候选人通常就能顺利进入下一轮面试。如果候选人最终未能成功晋级，很可能是因为他对这个问题的回答不够理想。了解如何妥善处理此类问题，可以帮助候选人提升他们的面试技能。

帮助用人部门准备面试

和候选人的情况相似，不是所有用人部门都愿意让你帮忙准备面试。所以你在这个阶段同样不应使用"面试准备"一词，而是要强调共同探讨如何更好地吸引高端人才。你要告诉他们，你了解到候选人表示如果自己是公司的老板，会对当前工作做五项变革；你知晓他们之前换工作的原因，以及他们现在想离职的主要原因。接下来，你要和用人部门分享候选人前几次离职的主要原因。如果用人部门认识到市场竞争异常激烈——实际上大多数用人部门都已经有所察觉——他们会十分渴望得到这些信息，以帮助他们更成功地进行面试，招聘顶级人才。一旦认识到做好充分准备对他们的招聘工作有益，他们就会更愿意腾出时间与你进行探讨。

绝大多数用人部门都明白，要争取到最合格的候选人，必然会存在竞争。然而，你仍需向他们解释，如今市场的主导地位属于候选人；你要强调在面试过程中进行公司和职位推销的重要性；鼓励你的客户深入探讨公司文化、核心价值观、现有员工的任期，以及职业发展和提供的培训等。对于当今绝大多数劳动力来说，这些都是关键点。

与候选人进行面试总结，避免不必要的意外

与候选人进行面试总结是一种极为有效的评估手段，有助于了解候选人是否对所面试的职位真正感兴趣，确认候选人是否会接受录用通知。与候选人展开面试总结还有助于为同一用人部门之后的面试做更好的准备。

过去，我们通常先进行候选人总结，再进行客户总结，但是如今面临候选人为主导的劳动力市场，情况发生了变化。如果你判断用人部门对候选人的兴趣大于候选人对职位的兴趣，你应该先和客户进行面试总结。这样做可以帮助你应对面试时已然出现的问题，找到额外卖点在与候选人进行面试总结时分享。如果你

不确定哪一方的兴趣更大，就最好先做候选人面试总结。

　　为了确保获取最准确的信息，面试总结应该在电话面试或现场面试结束后立即进行。其目的之一是找出你提供给候选人的信息和用人部门提供的信息之间的不一致之处。你可以直截了当地问候选人，用人部门对职位的描述与你提供的是否一致。尽管二者应该是一致的，但有时你会发现，用人部门对工作的具体要求已经进行了调整，而你却被蒙在鼓里。

　　询问候选人有关面试官的信息，能够帮助你更深入地了解面试和聘用流程。例如，你提供给候选人的面试官名单可能只是初始名单，但随着面试的进行，其他人也可能加入。了解这些人在公司内的职位和职能，可以帮助你更好地理解空缺职位和公司的哪些职能或部门有交集。

　　候选人的面试总结可以帮助你量化他们对职位的兴趣。请他们回答是否喜欢所描述的职位，以及他们对面试官的印象；同时，询问他们是否对工作、公司或公司文化方面有任何担忧，这样，你就能够与用人部门经理进行有针对性的沟通。让候选人回想一下面试官的反应，想一想自己当时是不是说了一些不该说的、希望能收回的话。然后，你要主动与客户提及此事，向客户解释候选人对自己的回答感到担心，这样做通常可以避免不当的回答演变成大问题。你可以依据候选人的回答来量化他们对这一职位的兴趣度，然后反馈给用人部门。务必让候选人用 1~10 分为自己对这一职位的兴趣打分，以帮助你判断他们是否会接受录用通知。候选人面试总结表见表 6-1。

表 6-1 候选人面试总结表

候选人：	候选人电话：
面试企业：	需求单编号：
面试日期：	面试职位：

我想问几个关于面试的问题：

1. 你和谁谈了话（电话面试），或见了谁？

姓名：	职务：	面试时长：
姓名：	职务：	面试时长：

2. 该企业对职务的描述与我之前描述的一致吗？请说明一下你对该职位及其职责的理解。

3. 你能履行该职位的职责吗？

请给出三个理由（这些问题有利于在同用人单位跟进情况时，进一步证明候选人的资格）。

A	
B	
C	

4. 你会喜欢这份工作吗？
5. 你将向谁报告工作？
6. 你能和那个人一起工作吗？
7. 该企业是否给你留下深刻印象？为什么，或为什么不？
8. 你开车/通勤的时间有多长？
9. 你们是否讨论了整体薪酬方案？

是	否
你们讨论了什么？	薪资低于多少时，你会拒绝该企业？
如果讨论了薪资，你能接受这一薪资吗？	整体薪酬方案低于多少时，你会拒绝该企业？

续表

	是	否
如果不能接受，原因是什么？		其他财务要求：
你能接受的薪资是多少（如果低于这个数，你会拒绝该企业）？		

10. 你们是否谈到了福利？你对此有任何疑问吗？
11. 你们是否讨论了以下内容：

	是	否
考核		
加薪		
升职		
职业规划		
其他问题		

12. 你是否有任何保留？如果有，请解释。
13. 迄今为止，你是否想要得到这份工作？
14. 你对该企业的印象如何？
15. 该企业是否要求你提供推荐人信息？你提到了哪些推荐人的名字？
16. 你知道我在谈判上有些经验，我会尽最大努力为你争取尽可能多的利益。然而，我不想你因要价过高而失去机会。你的最低工资是我们之间的机密。正如我们之前讨论的，你的最低工资是 × 美元。
17. 如果该企业打电话给我，说要给你发录用通知，我希望你能授权我代表你接受。原因如下：

- 用人单位喜欢决定果断的人。
- 这表明你有信心胜任这项工作。
- 这表明你真的有兴趣为他们工作。
- 我最不愿意告诉用人单位的是"你需要考虑一下"，因为这会让对方产生怀疑，继续面试其他人。
- 你是否授权我来接受录用通知？

18. 你是否明白，当你从你现在的工作单位辞职时，他们可能表示愿意给你达到或超过（新企业名称）提出的条件？这时你会怎么做（停下来，倾听回答）？

19. 给新雇主写邮件或写感谢卡。
- 感谢他们提供面试机会。
- 表达你对这份工作的信心。
- 说明你能胜任这份工作的原因。
- 表达对这个工作机会的兴趣，并期待很快收到他们的答复。

20. 顺便问一下，你同时还在找其他工作机会吗？你如何比较这些工作？

21. 请用 1~10 分给这份工作打分。如果不能给出 10 分，要做哪些调整才能打 10 分呢？

为了防止任何意外发生，你要了解候选人是否还有其他面试机会或潜在的待定录用通知。如果有，你要进一步了解候选人是如何衡量这些工作机会的。请你的候选人对他们正在考虑的工作，从最喜欢到最不喜欢进行排名。清楚这一点后，你就能明智地判断出是应该让他们进入下一轮面试，还是应该放弃他们。

与用人部门进行面试总结，避免让候选人失望

完成对候选人的总结后，接下来需要跟进用人部门，量化他们对候选人的感兴趣程度（见表 6-2）。再次强调，如果用人部门对稀缺的顶级人才表现出极高的兴趣，你应该先进行用人部门的面试总结。用人部门面试总结能让你了解候选人所处的位次，以及用人部门对候选人有哪些意见。如果候选人对该职位非常感兴趣，你在与用人部门进行面试总结时，首先要说明候选人为什么

是合适的人选，表明自己对候选人胜任工作有信心，以及候选人对该职位的兴趣。接下来，你需要询问用人部门对候选人的看法。如果他们认为候选人合适，请他们用 1~10 分为候选人打分。如果未达到 10 分，继续询问原因，找出需要解决的负面意见和顾虑。此外，你还需明确用人部门的面试流程走到了哪一步，并确认招聘预计完成日期。

表 6-2　用人单位面试总结表

面试企业：	招聘负责人电话：
联系人：	联系人职务：
候选人：	面试职位：

1. 表达候选人对工作的兴趣和热情。

在和某候选人讨论面试情况时，我问了他一些问题。第一个问题就是："你对这份工作感兴趣吗？"他回答："我很感兴趣，因为……"

候选人想要这个职位的原因：	
候选人胜任工作的原因：	

2. 了解用人单位对候选人的看法。

目前在您看来，候选人能胜任这份工作吗？是 / 否

关于候选人，您有什么顾虑吗？

请您用 1~10 分量化对候选人的感兴趣程度（最高分 10 分）。

3. 应对顾虑，进行反驳，强调候选人的优势。

4. 主动提供推荐人信息。

5.（人事主管的名字）先生 / 女士，您是否准备现在发出录用通知？如果是，请填写相关信息。如果不，为什么？请告诉我，您何时可能作出聘用决定。

6. 您现在是否还在考虑其他候选人？

有几个候选人？

我们所推荐候选人的排名？

录用通知相关信息——合同工		
应付工资：	支付时间：	
实付工资：	支付时间：	
工作起始日期：	工作起始时间：	汇报对象：
工作地点：	着装要求：	
其他说明：		

录用通知相关信息——直接聘用		
基本工资：	支付时间：	
提成/奖金：	支付时间：	基于：
首次调薪：	平均增长额/百分比：	
工作起始日期：	工作起始时间：	汇报对象：
工作地点：	着装要求：	

福利		
主要医疗保险：	健康保险/偏好供应机构：	牙医：
视力：	人寿保险：	401K养老金计划：
长期伤残保险：	短期伤残保险：	就业救助计划：
收益分成：	学费报销：	用车：
病假：	报销费用/具体情况：	其他：

续表

有关福利的其他信息	
规定的奖金额度：	
用人单位支付的全部福利费用：	如果用人单位不支付，个人每月负担多少费用？
工作第一年年假时长：	之后的年假时长：
福利领取资格要求（立即生效/30天/60天/90天后）：	
其他：	

询问用人部门是否仍在考虑其他候选人及你推出的候选人的排名情况，是非常重要的。这些问题有助于为候选人提供反馈，微调你寻找候选人的条件，并为其他候选人提供更好的面试准备。如果候选人未入选，你通常会收到很简单的反馈："你的候选人不太合适。"但这样的回答无法帮助你完善聘用流程。因此，你还需要问用人部门："这个候选人哪里不合格？我理解你的时间宝贵，但我需要知道答案来调整招聘策略。"

有一次，一个用人部门坦率地告诉我，我推荐的候选人的确是合适人选，但他不想只面试一个人就决定录用，因此他要求我继续安排其他的面试。我解释说，因为我了解这个职位填补空缺的时间要求很急迫，该空缺也给其他员工带来了额外的工作负担，所以首推了最佳人选。我还告诉他们，这个候选人正在积极参加其他面试。我向客户强调，如果他们继续面试其他人，我无法保证这个候选人不去考虑别的工作机会。我向用人部门申请了三个面试时间，询问了延期后的计划录用日期。第二天，用人部门联系说他们愿意发出录用通知，并且为了吸引候选人，他们可以给出最高薪酬。候选人接受了这份工作，而且一干就是10年，其间多次升职。如果当初我没有在面试总结中提供上述信息，用人部门很可能就会失去一位顶级员工，错失对工作投入、长期留任的宝贵资产。

展开背景调查找出不实之处，确保推出最佳候选人

背景调查对于候选人而言是一把双刃剑——即是助力，也是破坏力。核查候选人的推荐信息有助于揭露不实之处，包括夸大的技能或可能导致失去面试资格的虚假信息，从而预防不必要的意外情况。背景调查是验证候选人在面试中提到的技能水平、经验和专业知识是否真实的唯一途径。

背景调查有助于你为用人部门推出最好、最合适的候选人。通过与推荐人的交流，你可以确认候选人在面试中提供的信息是否准确，更全面地了解候选人在工作中的表现。我建议你在推出候选人之前至少与一位推荐人进行详细谈话。你可以将这些从背景调查中获得的有关候选人工作表现的第一手信息，传达给用人部门的经理，引用这些信息能为你争取更多的面试机会，同时还能消除用人部门对候选人的顾虑。

展开全面的背景调查

在展开背景调查时，务必要核实推荐人的职务。候选人出于担心推荐人提供的信息对自己不利，有可能会让同事或朋友冒充前主管。你可以通过领英或公司网站核实推荐人的职务，也可以直接致电候选人原公司，要求转接人力资源部门进行核实。无论采用何种方式，你都要确保与你交流的人确实是候选人的前主管或能够向你证明候选人工作表现的人。

在进行背景调查时，保持一致非常重要，你需要向每位推荐人提出相同的问题，以便不同候选人竞争同一职位时更好地做出比较。做背景调查前，你可以准备一份精确的问题清单，列出一些开放式的问题，然后再继续补充问："你能给我举个例子吗？""他们与其他人相比有何特点？""你能详细说明一下他们对项目的具体贡献吗？"除此之外，你还要了解候选人有待提高的方面、解决问题的能力、工作态度、团队协作精神，以及完成工作的能力。你要尽可能抓紧时机让推荐人多举些可以体现候选人特点的实例，这也能证明此人的确能提供有关候选人的第一手资料。

一定要选择推荐人方便的时间进行背景调查，确保他们可以不慌不忙、畅所欲言。在开始调查之前，你要先了解推荐人的基本信息，包括就职日期、职务、职务的基本职责，以及推荐人与候选人之间的关系。在谈话开始时，澄清谈话中提到的一些关键词的定义，避免发生误解。为了让谈话一直紧密围绕主题，你可以请推荐人用1~10分来评价候选人在某一领域的专业水平。认真记录相关事实情况，并将背景调查表录入你的候选人追踪系统或客户关系管理系统中。背景调查表的具体内容可参考表 6-3。

表 6-3　背景调查表

候选人姓名：	日期：
企业名称：	地址：
主管姓名：	主管职务：
主管联系电话：	候选人入职日期：
候选人在公司的职位和职务：	
候选人的工作职责（以一天为例说明）：	

候选人的工作表现（和其他人相比）
候选人在哪些方面比较出色？有哪些特殊的优势？请具体说明：
候选人在哪些方面有待提高？有哪些明显的弱点？请具体说明：
候选人取得的最大成就是什么？对企业有怎样的影响？

用 1~10 分为以下内容打分（10 分为最高分）：	
技术能力：	人际关系能力：
工作准确度：	工作效率：
独立完成工作能力：	与团队合作：
出勤率：	上班准时：

续表

候选人是否能很好地与同事合作：	候选人是否能很好地与管理层合作：
离职原因：	是否有资格被重新雇用？ 是 / 否 为什么是 / 为什么否：

其他没有问到，但你想要补充的问题：

注：针对第三方招聘公司

与调查对象完成背景调查工作之后，你可以向对方提出下列问题：

"我非常自豪能推荐最优秀的候选人并核实他们的资格，同时我也为最优秀的公司服务，非常愿意为贵公司提供人才的后备力量。怎么样才能为贵公司服务，推荐后备人才呢？"

如果此人不是恰当的联系人，你要接着问："关于招聘事宜，我应该和谁联系？您能把我的电话转给他吗？"

背景调查还有一个不易察觉的好处。你所接触的推荐人通常都拥有一定的职权，因此他们可能成为你职业生涯人脉网络的重要一部分。这些推荐人往往拥有庞大的人脉资源，对于你的职业发展来说是非常有价值的资产。通过领英等平台，你可以轻松地迈出建立有意义的职业关系的第一步。

克服背景调查中遇到的困难

有一些公司的政策规定，除了入职日期和工资等基本信息，不得透露过去员工的其他详细信息。这样，你就很难了解到候选人在工作中的真实表现。我很尊重这些政策规定，理解保护员工个人资料的想法。不过在这种情况下，你可以问一些不涉及具体信息的边缘性问题。例如，你可以说："我理解贵公司的政策，但是我的职业声望依赖于我能否推出高质量的候选人。我能问你一个和候选人资料无关的问题吗？如果你是我，你会推出这位候选人吗？"或者你可以问："这位候选人是否有资格被重新聘用？"

有时候你可能会遇到前雇主因为不满候选人离职而给出负面评价的情况。如果存在此类情况，候选人应该提前向你说明。有些时候，雇主即便心怀不满也不得不承认候选人工作能力出众，所以他们才会为候选人的离职而感到沮丧。如果候选人的直接上司给出的评价不够好，你可以让候选人提供其他认可他工作能力的经理的名字，以便再次进行调查。

总结

面试流程涉及两方人员，意外情况在所难免。阅读本书，你可以了解到我们完全可以采取措施来减少意外发生。这些措施包括在面试前对候选人和客户双方进行预先锁定，做好面试准备，以及在面试结束后进行全面总结。请认真阅读本章内容，轻松了解相关过程。

要点回顾

- 有时候用人部门会改变职位要求，你要随之调整你的招聘工作。
- 不要想当然地认为候选人仍然愿意从事目前所从事的工作。
- 和候选人之间建立联系和信任，能够减少意外发生。
- 面试前预先锁定候选人和用人部门，与他们保持清楚而透明的沟通，有助于你随时和他们保持步调一致。
- 重复客户所说的话，很可能会揭露出一些未被察觉的误解。
- 面试前和候选人接触时，要明确候选人所用词语的真正含义。
- 不断地询问候选人和用人部门："自上次谈话以来，有没有发生任何新的变化？"
- 先与最感兴趣的一方进行面试总结（候选人或用人部门）。
- 与候选人进行全面的面试总结，判断他们对工作的兴趣程度和他们的顾虑。
- 与客户进行全面的面试总结，判断他们对候选人的兴趣程度和他们的顾虑。
- 背景调查既能够促使候选人就职成功，也可能破坏就职机会。
- 重要的是克服背景调查中遇到的困难。
- 如果候选人的直接上司给出的评价不够好，你也可以让候选人提供别的认可他工作能力的经理的名字，再一次进行调查。

HIGH-TECH HIGH-TOUCH RECRUITING

第 **7** 章

加强入职前后对候选人的关怀，争取获得举荐人才

How to attract and retain the best talent by improving the candidate experience

人们通常认为，招聘人员的责任是协助公司吸引顶尖人才，助力候选人在事业上取得成功。这确实是招聘工作中最为重要和体现其价值的两个方面，然而，招聘人员的职责远不止于此。你在工作上能取得多大的成绩，很大程度上取决于你是否能让候选人成为工作投入且长期留任的成功员工。候选人接受录用通知并不意味着你的工作已经结束，而是意味着你要进入新的关怀阶段。无论是在入职前还是入职后的相当长时间内，你都可以给候选人予以扶持。

本章将深入探讨"关怀"的概念，明确入职前关怀的理由，并介绍如何通过高科技和高接触方法有效关怀候选人。同时，你将了解到关怀候选人的益处，认识到导师的价值，学会如何吸引更多举荐人才，以及如何构建强大的员工举荐方案。

什么是"关怀"？它为何如此重要？

"关怀"一词有多种定义。普遍认同的说法是，关怀是人类特性的一部分，是人性的组成要素；另一个广为接受的定义是提供支持、鼓励、培训和教育。妈妈对孩子的关怀始于学龄前，而不是童年后期，这进一步说明了关怀的含义。在母亲的关爱下成长的孩子与未受到足够关怀的孩子之间存在显著差异，前者大脑中与学习、记忆和应激反应相关的部分发育更好。因此毫无疑问，关怀候选人会增加他们成功的机会。

关怀候选人，让他们在新岗位上感到放松，感到被重视、受赏识，有助于他们更好地适应新工作；对候选人的关怀在他们对公司领导力和公司愿景的认知方面也发挥着重要作用。一旦他们认识到公司愿景的重要地位，他们就能够制订与之相匹配的工作计划。关怀有助于他们建立自信、积累知识、获得成功的动力。

招聘工作任务繁重，再要求招聘人员对候选人予以关怀似乎有些强人所难。但是在入职后最初的几周，你是为候选人提供支持的最佳人选。你的关怀可以让他更好地投入新工作，同时也能成就你自身的成功。这是因为你的候选人信任你，作为他们的招聘人员，你是最初与他们建立信任和联系的人。在全新的工作环境中，他的同事和上级都没有你了解他，所以他们在遇到问题时更愿意向你求助。你是那个能为他们答疑解惑，让他们明白现在这份工作对他们的事业发展大有裨益的人。通过在适应期内帮助他们，你还能够加深与他们的联系，提升你在协助候选人方面的整体工作经验。

在候选人入职以前开始扶持他们

正如前几章提到的，最佳候选人可能会同时收到多份录用通知和前雇主发出的议价，甚至在接受新工作后仍会如此。如果你能在他们辞职的两周内或在其刚开始工作时给予支持，他们就更有可能留下来。采用前文提到的应对议价的策略，并为他们提供辞职范本是非常重要的。如果候选人通知你，他已经辞职，你要表示感谢，因为招聘单位通常希望等到候选人提交离职通知后才启动背调程序，联系候选人原单位。你很可能会震惊地发现，你的候选人其实还没有向雇主提交辞呈，这种情况屡见不鲜。进行背景调查是了解候选人是否已经辞职的唯一途径。

招聘人员的日常工作是寻找顶尖人才，填补职位空缺，所以换工作在你看来是稀松平常的事。然而，回顾一下你自己上一次在劳动力市场上寻找工作的情景，你就能理解，换工作其实是非常牵动情绪的过程。找工作会让情绪时高时低，即使是有经验的招聘人员和专业人士也会感到不适。接受一份录用通知，提交辞呈，度过两周的离职期后，你可能会不断质疑自己：接受这份新工作是不是太过仓促？是否会喜欢新工作？是否能和新雇主相处融洽？是否能融入公司文化？你还会疑惑，为什么在收到录取通知后，新公司就再没有任何消息了？是否应该接受薪酬更高的议价？自己换工作的决定是对还是错？候选人接受录用通知后，在两周的离职期内可能还会权衡利弊；他们的家人和朋友可能会劝说他们继续谈判，争取更好的薪酬；他们还可能接触到对新公司不满的离职员工，或者他们只是单纯地害怕改变。

作为招聘人员，与候选人保持互动、加强联系、关注他们可能经历的焦虑和担忧，是至关重要的。在候选人接受录用通知开始入职期间，精心制定并实施候选人接触方案尤为重要。你要通过候选人追踪系统或客户关系管理系统输入行动安排，提醒自己跟进已经安置的候选人。了解他们所担忧的问题、保持沟通和联系，是发现他们所面临问题的最佳途径。你当然希望候选人对新工作充满兴趣、知晓进展并期待入职。如果候选人清楚地知道他在新公司要面对什么，就能充分做好准备，并感觉新公司、新老板、新同事都很欢迎他的加入。

在候选人正式入职之前，另一个加强他们与新公司互动的方法是鼓励新公司的部门经理或同事利用候选人离职期与他们共进午餐或晚餐。这样的活动有助于候选人与经理和同事建立联系，为他们提供了一个表达疑虑、减轻因变化而产生的恐惧、加强与新团队和新雇主沟通的机会。如果这种安排在流程上不太容易实现，你可以请人力资源部合作伙伴或用人部门安排欢迎见面会，让候选人与团队成员互相熟悉。在见面会上，你可以让候选人在正式入职之前填写福利或税务表格，使他们有机会参观新的工作地点。你还要在候选人入职前一天致电，祝他们入职顺利。

用高科技、高接触的方法关怀已经安置的候选人

我们一直强调高科技、高接触方法的重要性，因为这能够提升候选人的整体体验，这在关怀候选人方面尤为明显。你需要时刻记住候选人期待你能回应的三个问题：他们是否能信任你，你是否在乎他们，以及你是否履行了对他们的承诺。如果候选人接受录用通知后，你继续提供关怀，那么他们会认为你积极回应了这三个问题。有一些招聘人员在安置完候选人之后就不再与他们联络了，但在当前候选人为主导的劳动力市场中，我们需要投入更多时间来关怀每一位已安置的候选人，并与他们建立长期友好关系。这不仅有助于候选人的职业发展，也会为你个人带来许多益处。看到他们事业取得进展，你会感到欣慰，这也会鼓舞你继续在招聘领域取得更大的成绩。

在候选人被录用后，你需要全面了解候选人入职流程的所有细节，只有这样，你才能为他们提供准确的信息，回答他们的问题，指导他们找到正确的信息来源。你的目标是帮助候选人尽快融入工作团队、做出贡献。如果有多名候选人同时入职，介绍他们互相认识、促进他们之间的沟通是非常重要的。公司或客户只有一次机会给候选人留下美好的第一印象，因此更需要采用高科技、高接触的方法。你要确保候选人感受到真诚的欢迎，为他们提供所需的设备，告知他们工作平台的用户名、密码和电子邮件等信息。你要在工作日历上明确标注后续与他们接触的时间，通过实际行动证明你十分关注他们的成功。

如果你是第三方招聘人员，专门负责招聘临时工和合同工，那么入职流程很可能由你来完成。在这方面，你需要与客户提前确认相关事项。如果你为某家公司提供大量临时工或合同工，你可以考虑让自己所在的招聘公司派遣专门人员在现场处理入职流程、员工关系、考勤表、工资单等问题。此人还应负责对候选人的关怀，确保他们度过积极而难忘的第一个工作日。一个良好的开端可以促使他们更加投入工作，愿意留任，还有可能向你举荐其他候选人。你需要向候选人介绍工作内容，让他们了解他们在帮助公司实现目标方面的价值。

另一种关怀候选人的方法是由招聘人员制定结构化方案，与候选人进行非正式的沟通。你要确保与候选人的沟通渠道畅通，以帮助他们解决小问题，防止小问题演变成大问题。由于人才紧缺，候选人可能会收到多个录用通知、议价，甚至在接受录用通知后仍然参加其他公司的面试。一些议价可能在候选人离职期发出，而有些可能在候选人入职两个月、三个月甚至半年后。这可能是因为原公司无法找到合适的替代人选，或者找到的人选无法胜任工作。因此，即便在候选人入职后，你仍需要与他们保持联系，以便及时处理这些情况。一个好的做法是询问他们是否还在与前雇主联系。如果他们提到曾经和前雇主共进午餐，你应该提醒他们，前雇主有可能想再次聘用他们。同时，你可以和他们聊一聊当初面试时提到的问题，例如，如果他们是老板，最想改变的五件事是什么？并回顾一下他们当时给出的答案。这样做有助于避免他们接受前雇主的议价。公司投入了大量入职和培训费用，现在期待这些投资能有所回报。

关怀候选人给你带来的好处

　　候选人在工作初期的表现，确实能够反映出招聘人员在推出和安置最佳人选方面的能力。一些招聘人员可能仅仅负责招聘候选人，将入职流程完全交给用人部门，这当然简单。但是如果招聘人员能够在候选人入职后帮助他们适应新的工作环境，他们就能更加投入工作，从而提高留任率。

　　保持与候选人定期联系，可以让你确保他们了解自己工作的影响力。如果候选人感到自己的工作给公司带来积极的影响，感觉自己的才能和技术有用武之地，他们就不会离职，不会成为代价高昂的离职数据。

　　腾出时间来关怀候选人，不仅能让你安置的候选人受益，还可以提升你的声誉，加强你与用人部门的关系，这是一项双赢的好事。关怀候选人有助于避免候选人离职，减少了公司的成本，因此已经成为全世界所有公司都极为关注的问题之一。此外，你会成为客户眼中可信赖的合作伙伴，与他们分享有关候选人的信息，鼓励他们调解候选人遇到的问题，避免小问题演变成大麻烦。这样做会让用人部门信任你，相信你会全力以赴帮助你所安置的候选人取得事业成功。

导师制的价值

现代导师计划旨在为导师和被辅导者提供支持，促进他们在职业和个人层面的学习和成长。导师制的价值尤其体现在它不仅限于最初的入职阶段，而是贯穿始终。导师和被辅导者之间建立的稳固关系，既让新员工能够从有经验的老员工身上学到知识，也使老员工能够接触到新员工为实现公司目标提出的创新解决方案和方法。导师制向新员工展示了开放式公司文化的好处，员工可以分享知识、启迪思想，共同努力构建一家成功的企业。

此外，被辅导者还可以获得实际建议、鼓励和支持。通过学习他人的经验，被辅导者可以增强自己的能力，做出更明智的决策，明确职业目标，并获取关于未来职业生涯规划的宝贵见解。导师亦从中受益，提高了领导能力和管理才能，同时也强化了专业技能，向雇主展现了自己的价值，获得更大的认可；导师还能从中获得成就感和个人提升。

帮助候选人在新工作中找到导师也是在向他们表明，你不是在安置或招聘他们之后就弃之不理了，你是真正关心他们的幸福和成功的。你是值得信赖的，一直陪在他们身边。比起你说过的话，候选人通常会更多地记得你给予他们的感觉。一旦与候选人建立起这样的关系，他们就会将朋友和同事举荐给你。

举荐人才数量剧增

这样的关怀和跟进流程，会为你带来大量的高端举荐人才。候选人与你合作愉快时，就会向你举荐一流人才。科技进步扩大了候选人的职业领域和个人网络空间，因此，你招聘的候选人很可能是帮助你找到高质量候选人填补空缺职位的关键人物。举荐人才往往千金难求，不能空等，需要你采取积极行动去争取。候选人只有在肯定你的工作并一直与你保持联系时，才有可能向你举荐其他人。此外，你可以借助自动回复、发送自动信息或电子邮件的方式展开跟进流程。发送生日贺卡、纪念日贺卡或祝贺事业成功的卡片等，也是效果不可低估的手段。如果你从事招聘行业超过 18 个月，那么你手中候选人的 40% 应该来自他人的举荐。如果没有人向你举荐人才，就要引起注意了。被举荐的人才往往是最佳候选人，因为举荐人和被举荐人之间存在某种程度的信任关系。在本章的后一部分，我们将着重探讨如何建立一个有效的内部员工举荐方案。想象一下，如果 40% 的候选人都是通过举荐而来，你的工作将变得多么轻松！

你同样需要关怀临时工或合同工。如果你是第三方招聘人员，仅在每周发放工资顺带请求他们举荐人才时才联系他们，你多半是得不到回应的。如果平时没有给予他们足够的关怀，他们可能会感觉发放工资是你们之间唯一的联系。一旦他们不再为你目前的客户工作，他们就会权衡是否要用另一家招聘公司为他们寻找新工作。候选人让你帮忙找工作的次数，体现了你对他们的关怀程度。如果他们将你视为职业生涯的代理人，他们就会一直寻求你的帮助去实现长期或短期的事业目标。很多招聘公司设有"候选人礼宾部"，专门为合同工和临时工提供支持，鼓励他们再次派遣。合同工通常在当前合同到期前3~4个月就已经安排好下一份"工作"了，因此，你需要与他们定期保持联系，建立紧密关系，争取成为他们职业生涯中的长期合作伙伴。

如何成功地建立员工举荐方案

南希职业生涯的大部分都在从事企业人才招聘专家一职。她对这份工作情有独钟，因为她觉得自己的工作可以改变候选人的生活。可是她和她的团队发现，吸引顶尖人才、填补重要职位空缺变得越来越难，于是她决定建立员工举荐方案帮助寻找顶尖人才。她认为，由公司现有员工举荐的候选人更有可能适应公司的文化；她意识到新员工在公司内部有熟悉的人，会让他们感受到欢迎和理解，这有助于他们顺利度过入职流程，投入新的工作。

南希花了6个月的时间建立起员工举荐方案，然后向公司高管详细汇报了具体细节。高管们批准了她的计划，并通过公司内部网络和公告栏正式宣布启用员工举荐方案，鼓励员工积极参与。低级职务的举荐奖励为1000美元，中级管理职务为1500美元，高级职务为2000美元。举荐奖励将在新员工入职6个月后发放。年度举荐最多的员工，还将获得2500美元的奖励。

在员工举荐方案推出6个月后，南希发现该机制并没有取得预期的效果。员工举荐数量未见增加，人力资源部门依然苦于找不到顶尖人才。为了找出问题所在，她决定在员工中展开调研。调研结果令南希大吃一惊：她发现大多数员工根本没有听说过这个方案，而知道该方案的人又对具体职位的举荐奖励存在疑惑。许多员工不清楚应该举荐何种人才，所以干脆放弃；还有一些人对年终奖金存在困惑，不清楚 2500 美元的发放依据，是成功举荐人才数量还是获得举荐费的多少？也有几名员工表示不知道应该通过什么途径、向谁提交举荐人才简历。

收到调查反馈后，南希研究了其他公司的成功经验，寻找能够激励员工参与举荐的关键因素。然后，她调整了举荐奖励结构，培训员工，指导他们要如何找到合适的人选。她每个月都向员工发放职位空缺清单，明确举荐的努力方向。同时，她安排了一个专门负责人，此人推出了"找到朋友"主题活动，发放举荐卡，全程监控项目运行。举荐人不仅可以获得举荐奖励，还会收到公司邮件表扬，得到奖牌和感谢信，甚至获得与高管共进午餐的机会。举荐最多的员工更有机会获得奖金，与公司 CEO 共进午餐，以及高管车位一年的使用权。这些调整和改进使得举荐人才数量大增，他们被公司录用后工作投入，长期留任并积极参与到员工举荐项目之中。如果你的候选人在公司工作愉快而投入，表现出色，但是没有向你举荐其他人才，那么你就要考虑调整当前的员工举荐方案了。

上述案例说明了要保证员工清楚地了解参与内部举荐方案会

有哪些好处，接下来要培训他们如何去找到和接触举荐人才。内部举荐流程应尽量简单化，奖金要足够有吸引力，足够激发员工的参与热情和兴趣。奖金应该在新员工入职当日、就职6个月以及1年后分3次发放，这样可以促进举荐人进一步为其提供关怀。

许多招聘公司为了表达感谢，会给举荐人发礼品卡、举荐奖励或符合其职业或水准的礼品。一些公司还会在年底举行抽奖活动，所有参与举荐的人都有机会获得旅行奖励或其他贵重礼品。

在管理层面，建议指定一个专门负责人来全面负责员工举荐方案，由他来跟踪数据指标，评估方案的可行性和不可行性。此外，他还应该负责选定主题，在员工中展开调查，找出能激发员工积极参与举荐工作的因素。最后，员工的认可度是举荐方案成功的关键。举荐方案的成功将极大推动人才招聘工作的其他方面，绝对值得我们花时间来开发。

总结

大多数招聘人员可能会忽略的一个方面是追踪和关怀他们所安置的候选人。实际上，建立一个成功的员工举荐方案会让你脱颖而出，获得顶级人才。

要点回顾

- 你的成功取决于能否推出工作投入并长期留任的候选人。
- 关怀候选人可以帮助他们在新工作中取得成功。
- 关怀候选人会带来大量的顶尖人才。
- 在候选人开始工作之前,就要予以支持。
- 鼓励候选人的新主管或同辈在候选人的两周离职期内邀请他共进午餐。
- 帮助候选人找到新岗位导师,这表明你希望帮助他们取得事业的成功。
- 了解入职流程的细节,填补疏忽和漏洞。
- 保持沟通渠道畅通,解决小问题,避免演变成大麻烦。
- 定期联络候选人,找机会让候选人明白他们的工作对公司的影响力。
- 关怀候选人可以增强你在招聘领域的信誉,加强你和用人部门的关系,让你受益匪浅。
- 关怀临时工或合同工同样重要。
- 如果你的候选人工作愉快、投入而成功,却没有向你举荐其他人才,这很可能说明你需要调整你的员工举荐方案了。
- 你应该指派专人管理员工举荐方案,跟踪数据指标,评估方案的可行性和不可行性。

HIGH-TECH HIGH-TOUCH RECRUITING

第 **8** 章
创建平衡的招聘方法

How to attract and retain the best talent
by improving the candidate experience

前几章介绍了一些在招聘中运用高科技、高接触方法的成功经验，然而还有一个方面我们尚未涉及，那就是你的个人素质。我们还没有讨论在招聘领域取得成功所需的个人素质。

　　招聘人员面临的最大挑战之一，是在招聘过程中要同时处理两方的需求。你可能经常会遇到拖延的情况，会感到沮丧，工作动力下降，难以保持心灵的平衡。在我的职业生涯中，我曾培训和管理过许多招聘人员和人才招聘专家。因此我了解到，招聘人员需要具备一种特殊的心态，才能提升其职业技能并取得成功。一些我培训过的人最终成为成功的招聘人员；当然，也有一些颇具天赋、勤奋工作的招聘人员却陷入困境，最终不得不离开这个行业。

　　正确的心态和积极的态度可以帮助你面对并应对挑战，从错误中吸取经验和教训，将问题转化为机遇。这样，你就能更有效地应对棘手的用人单位和候选人，同时还能学会如何处理冲突的优先级、更好地管理时间，以及如何对用人单位、候选人及自己负责。最后，你要有足够的韧性去应对这一职业固有的复杂多变的情况。

如果 30 年前有人说我将在这一行业一干就是 30 年，我肯定不会相信。我喜欢迎接新的挑战，容易对事物感到厌倦，喜欢变化。我毅然选择坚持从事这一行业，是因为如今的招聘工作与我刚刚入行时大相径庭。劳动力和工作场所的情况不断变化，科技、大数据和人工智能不断推动这一行业的变革。经济条件的变化、全球顶尖人才的紧缺、候选人投入工作和留任难度的增加，都给行业带来了一系列负面的影响。要想在这一行业保持不败，你必须在整个职业生涯中做好接受和应对变化的准备。

一切源于你的态度

> 无论你认为自己行，还是不行，你都绝对是正确的。
> 亨利·福特（Henry Ford）

作为招聘人员，你的态度决定着招聘的成与败。无论是在争取职位空缺还是采取积极的招聘措施时，你的态度都会发挥决定性的作用。如果让你回想上一次你要在最短的时间内填补最难的职位空缺的经历，你脑中可能会立刻闪现出当时所经历的种种困难。这种反应很自然、很合理，但是这种态度不利于我们快速填补职位空缺。如果你对自己说，这个职位不可能找到合适的人选，以这种消极的态度去面对挑战，你就已经放弃了寻找解决之道。如果你觉得自己不能填补职位空缺，我认为你应该将想法中的"不能"换成"不愿"。你肯定能够找到合适的人选，问题在于你是否愿意。

我一直告诉我的孩子和他们的孩子，永远不要说"不能"，因为实际上他们在说"不能"的时候，表达的是他们不愿意去做。最近有一次，我让我7岁的孙子把我们玩过的棋盘游戏收起来。他的第一反应是说："我不能。"然后他马上看看我说："我知道你不喜欢'不能'这个词，我可以告诉你我不想收吗？"这个例子说明了"不能"其实就是"不愿"。如果你想在事业上取得更大的进步，就需要从你的字典里删除"不能"这个词。当你以积极的态度迎接挑战时，你就会积极寻找解决办法，而不是让自己相信无法填补职位空缺。

年纪越大，我就越意识到态度对人的一生产生着巨大的影响。我认为态度比事实更重要，比过去的经历、教育程度、金钱、所处境遇、失败或成功重要，比别人对你的看法、对你说过的话、做过的事都重要。态度比容貌、天赋和技能还重要。

难能可贵的是，我们每一天都有机会选择用什么样的态度去对待生活。我们无法改变过去，无法改变别人做事的方式，无法改变不可避免的事。我们唯一能做的就是把握住自己所拥有的，那就是我们的态度。我相信，生命中有 10% 是发生在我身上的事实，而 90% 则是我用何种态度来对待那些事。你的生命也是如此——我们的态度掌握在我们自己的手中。

查尔斯·史温道尔（Charles Swindoll），
Insight for Living 创始人

你的态度能够引领你从平庸走向成功。那些我培训过的缺乏经验且沟通能力欠佳的招聘人员，他们最终是否能够成功，很大程度上取决于他们的态度和期望。拥有积极的心态让他们更容易获得成功，工作满意度也会更高。

你所看、所听和所读的内容都会直接影响你的态度。尽管科技让我们能够及时获取各种信息和新闻，但其中大部分可能是负面的。因此在工作中，你需要屏蔽那些负面的消息，不要理会那些可能对你产生负面影响的人。他们有权保留自己的观点，但你不应该让他们的观点阻碍你前进。坚持拥有"我能"的态度，你就能够在招聘行业中取得卓越成就。以后如果有人说你做不到，你就要用"看我能不能"的态度，朝着目标勇往直前。

找到并保持工作动力

能否保持工作动力，深刻影响着招聘人员的职业生涯。在一切顺利的时候，保持动力似乎很容易；然而，当面临不切实际的最后期限、冲突的优先级、拖延和失望时，保持动力就受到严峻考验了。成功的招聘人员会表现出有韧性、有动力和意志坚定的品质，

能够应对以候选人为主导的劳动力市场中出现的任何无法预测的问题和挑战。我们目前正面临着十几年来最具挑战性的招聘环境：随着经济的繁荣、公司人才的紧缺，对候选人的竞争激烈程度是前所未有的。我们在经历一场"完美风暴"，现在比以往任何时候都更为迫切地需要我们的服务。

面对这样的挑战，要如何保持积极态度？我曾问成功的招聘人员，他们是如何保持工作动力的。首先，他们会向用人单位和候选人索要证明信或推荐信，并将这些信件张贴在办公室中。每当面临困难挑战时，他们都会翻阅这些过去所取得的成绩，让自己专注于排除困难、取得成功。此外，他们还在自己的领英个人资料和电子邮件签名处附上这些证明信和推荐信，以便潜在的和现有的候选人、未来的和已建立关系的用人单位，以及其他招聘人员都能看到。

其次，成功的招聘人员身边都聚集着积极的、能够给予他们鼓励的人。他们阅读正面的、激励人心的材料，不理会那些负面的人或事，选择与充满热情、积极向上的同事和朋友交往。他们去听、去看那些能够带来积极动力的节目，阅读乐观的文字，记录激励性的名言。他们还常常在工作地点摆放曾获得的荣誉证明，如最佳业绩和最佳个人成绩的奖牌或证书。这些个人成就能够立刻为他们注入正能量，增强自信心。

然而从与最优秀的招聘人员的谈话中，我发现他们最重要的动力来源，还是自身的内驱力。是什么促使他们成为招聘人员的？回顾初心，他们就能获得内驱力和精神力量。正是这种力量帮助他们应对招聘工作中出现的种种意外。

那么，在面对不切实际的最后期限、冲突的优先级、拖延和失望时，要如何保持动力？如何让自己专注于解决问题而不受外界困扰？答案就是找到内驱力。内驱力能够让你将面临的挑战视为学习的机会，而不是需要克服的障碍。在面对挑战时，首先要找到我们能够控制的因素，而不是将时间浪费在不可控的事情上；其次，面对问题不要踟蹰不前，应立即将关注点调整到寻找解决方案上。大多数成功的招聘人员在面对困境时的态度是："然后呢？现在该怎么办？"他们关注的焦点是未来该如何应对。

选择属于你自己的处理方式，让自己强大起来

前文引用了查尔斯·史温道尔的话："难能可贵的是，我们每一天都有机会选择用什么样的态度去对待生活。"让我们以此为切入点，进一步探讨如何百分之百地把握自己对事物的处理方式。在我刚开始工作时，我发现自己经常因候选人和用人单位而感到沮丧，但是我很快意识到，沮丧只会适得其反地浪费我宝贵的时间和精力。一旦我意识到我可以选择不理会这些事情，我就变得强大起来了。如果你不给别人机会，就没有人能够伤害到你。所以为什么要给他们这个机会呢？因此，面对形形色色的人和他们的个性时，你能做出的最好选择往往是不去理会。

善用时间

时间是我们最宝贵的财富之一。如何有效利用时间,直接影响着你所能实现的目标。每个人每周都有 168 个小时,为什么有些招聘人员能够完成很多目标,而有些人总觉得时间不够用?最成功的招聘人员都懂得将时间用在刀刃上。

如果你是有一定工作经验的招聘人员,你可以通过以下方法来检查自己是否合理地利用了时间。你要为未来的 21 个工作日制订一个周密计划,记录你所做的每一项工作以及做每一项具体工作的频率。21 天后,你要给这些事项按照时间利用率进行排序,1 代表你的时间得到了最佳的利用。排在最后的 10 项工作则表明你的时间在这些工作上没有得到充分利用,如果可能的话,你应该考虑将它们委托给其他人。通过这项时间安排研究,你可能会发现,有必要取消或减少一些你个人喜欢但并非最高优先级的工作。例如,你为那些不太可能被推出或聘用的候选人提供无偿咨询。这样做明显没有善用时间,所以你可以考虑为这些候选人提供其他合适的咨询人员,而将自己的工作重点放在那些更有潜力、更有价值的候选人身上。如果你是刚入行的新人,建议你多花些时间在那些能够促成用人单位和候选人面试的事务上。

制订计划,做好时间安排

如果你在时间管理上有困难,制订计划就是最佳的解决办法。凡事预则立,不预则废。如果没有明确的计划,你每天要做的、能够带来成果的主要工作，就会被那些需要紧急处理的琐事取代。尽管在招聘工作中难免会有电话和邮件等琐事打扰，但如果按照计划行事，你就更容易快速回归正轨。

有那么几年，每当我听到演讲者和专家高谈阔论做计划的好处时，我会想："他们肯定不是干招聘的，任何一个电话或邮件都会干扰我的工作重点。"于是在职业初期，我并没有做任何计划，我的事业发展也并不顺利。后来，我决定请人帮助我制订每日工作计划，看到成效后，我便一直坚持下去了。

如果你现在还不善于做计划，要完全安排好每天需要拨打的所有电话的确有些困难。所以，你可以试着先列出6项必须要做的、最有助于你填补职位空缺的任务。你要确保在第二天下班之前完成这6项任务。同时，还要列出10个需要拨打的电话，并在申请人追踪系统、客户关系管理系统或者日历上合理安排好致电时间。连续这样做21天之后，你就会养成做计划的习惯。每个月增加计划拨打电话的数量，直到你可以完全安排好每天必须拨打的所有电话。掌控了要拨打的电话，不会被突如其来的来电牵着鼻子走，你就全面掌控了自己的工作。

假以时日，你就能够开始对个人和事业的发展进行更加全面的计划安排。每年年末，我都会写下人生各个方面必须要完成的10个重要目标，每个目标后面写下5个标有日期的行动安排，即实现目标所需的5个必要步骤。如果某个目标过大，无法在5步内完成，我会将其分成2个目标。这样做有助于我集中精力做最为重要的事情，确保我在个人和事业发展上实现既定目标。

把时间用在刀刃上

80% 的成果来自你所做事情的 20%。所以，你需要找到那些能够创造 80% 成果的事情，并将其视为重点，合理安排时间做好它们。你要不停地问自己："做这件事，我最好地利用时间了吗？"如果答案是否定的，有三种解决办法。第一，将一切重复的、模板化的信息自动化，使用申请人追踪系统提醒自己需要完成的任务；第二，如果可能，将这些任务委托给辅助人员；第三，选择在一天之初或一天结束时处理这些事务。我将写着"做这件事，我最好地利用时间了吗？"的便笺贴在电脑上，提醒自己：忙着做事不重要，重要的是要有实质性的收获。确保成功的关键在于专注于做正确的事情，做能推出顶尖候选人的事，做那些能带来成果、帮助你成功填补职位空缺的 20% 的事情。

以下五个策略可以帮助你专注于做好能有成果产出的事情，找到更多最佳候选人，填补更多空缺职位，并确保他们投入工作且长期留任。

● 策略一：专注于安排更多的首次面试——发出邀请

首次面试安排得越多，你就越有可能填补职位空缺。我将首次面试比喻为发出邀请。在制订计划时，你要不断地问自己："明天我要向谁发送邀请？"你应该全力以赴地组织候选人和用人单位之间的首次面试，因为这是成功填补职位空缺的关键。如果每个月都能安排更多的首次面试，你就能不断地填补更多职位空缺。

● 策略二：实行"点击邮件，立刻行动"的处理方式——处

理邮件

电子邮件是影响你专注于有成果产出的事情的最大干扰之一。你收到的电子邮件通常是别人关注的重点,而不是你的。因此,不要在收到邮件时立刻回复。你要规定好回复时间,比如在早晨上班的第一时间、中午或者一天结束的时候来处理电子邮件。你可以选择回复、删除或存档,这样可以避免重复阅读收件箱中的邮件。

电子邮件很好地诠释了科技既可以使人受益,也可以浪费我们的时间。在回复电子邮件时,务必要修改邮件主题使其体现邮件内容,以便你能够轻松搜索。当你不断从某处收到多封电子邮件时,比如你设置了有关某公司的谷歌提醒功能,你可以将这些邮件直接转入指定的文件夹内,不要让其占用你的收件箱。

我参加芝加哥的一个企业活动时,与一位刚做完主题演讲的高管聊天,他说他的收件箱里有超过15000封邮件,于是我建议他删除所有一年前的邮件。他承认自己从未阅读过那些旧邮件,但又担心删除可能会丢失重要信息。会后,他回到办公室让行政助理删除了所有超过6个月的电子邮件,这样他的收件箱中只剩下不到500封邮件。他打电话告诉我,他终于不再为那些没有处理的旧邮件而感到内疚,还说这样一个小小的举动让他感到自己效率更高——也的确效率更高了。身处招聘行业,你可能会收到数以百计的电子邮件,所以你要制定处理规则,避免类似情况发生。

● 策略三:先啃硬骨头

每天早上,你要先处理最害怕做的工作。也许你不喜欢通知用人单位候选人拒绝了录用通知，或者不想告知候选人他们没有被录用。虽然这的确难以启齿，但你需要第一时间打电话通知他们。有些招聘人员可能不愿意在星期五通知候选人这样的坏消息，担心会毁了他们的周末。我的想法是，整个周末候选人都有可能告诉朋友，自己可能找到新工作了，如果我们等到周一早上才通知他们这个坏消息，这只会让他们感到更加失望。因此，你一旦收到消息，无论好与坏，都要立即告知他们。

● 策略四：不要把私人问题带入工作

受私人问题困扰会让你无法达到最佳工作状态。当你与用人单位和候选人一起工作时，应全神贯注、集中注意力解决他们最关注的问题。你可以假设办公室门口有一个手提箱，你在走进办公室前，要将所有的个人问题或麻烦都丢进去。这样，你就能全身心地按计划处理那些有产出的工作了。

同样地，也不要将工作带回家。一旦离开办公室，就不要抱怨工作中的各种问题了。这样，你就能在下班回家后百分之百地参与家庭生活了。

● 策略五：把每一天分成不同的时间段

将一天划分成不同的时间段，是管理时间的最佳方法之一。例如，每天上午 9:00—12:00 期间，不接听电话或处理电子邮件；利用这段时间，集中精力安排需要拨打的联络电话，处理其他最重要的事情。

为了招聘到具有稀缺技能的候选人，你通常要将下班后的时间留出来，以便与他们进行坦诚交谈。每天上午 8:30—11:30 和下午

1:30—4:00 这五个半小时是接触潜在候选人和用人单位的黄金时间。你要充分利用这段时间来寻找资源、做出研判。下午 4:00—5:00 这个时间段可以专门处理候选人的来电，了解候选人简历的更新情况或最新的面试活动情况。这样做会使你处理候选人来电、了解他们最新动态的工作量大大减少。

当你进行招聘或者营销演示时，你可以留下以下信息：

> 你好，我是_____，我的联系电话是_____。有朋友建议我们可以交流一下。当你致电时，请告诉接电话的人，无论我正在做什么都要立即打断我，这样我就不会错过你的重要来电了。期待与你的交流。再次强调，我的电话号码是_____。祝你有愉快的一天，谢谢！

这样，如果来电者说你告诉他可以随时打断你，让你接听电话，你就知道这可能是有关招聘或者营销的电话（如果你是第三方招聘人员）了。我们会告诉用人单位每天上午 9:00—12:00 是我们为他们寻找人才的时间，他们很乐于知道我们每天都在积极招聘，寻找顶尖人才。

我们也向候选人明确表示，每天我们都将时间用在全力寻找符合他们职业期望、有助于其职业发展的工作机会上。下午 4:00—5:00 是我们专门用于接听他们来电的时间。在这个时间段内，候选人可以随时致电，告知我们关于简历修改或新的面试活动的信息。这一策略明显减少了不必要的来电数量。

如果你坚持制订计划，了解 80/20 原则，并实施上面提到的策略，让自己专注于有产出的工作，并将一天明确划分为不同的时段，那么你就能够受益于善用时间，提高成功概率。

学会平衡冲突的优先级

你可以换位思考一下：每个用人单位都期望你能优先处理他们的职位空缺，他们会因为你没能推出顶尖人才而感到沮丧。如果你的招聘团队规模不够大，难以填补大量的职位空缺，你可以考虑雇用合同招聘人员来协助你；你还可以借助海外招聘人员或者通过 Upwork 或 Fiverr[①] 等在线资源，雇用自由招聘人员。

令人欣慰的是，你可以在接待用人单位或与之会谈时提出以下问题，让其对职位的期望更为现实，同时明确该职位在公司中所起的作用。

1. 预计何时完成职位招聘？如果预计日期不太现实，你需要向用人单位说明预计日期延后的好处，特别是涉及稀缺技能时，这一点尤为重要。

2. 能否提供三个可行的面试时间？这个问题有助于你与稀缺人才协调面试时间。通常，这些候选人可能同时考虑多个工作机会，因此你最好能与之敲定面试时间。在安排候选人与用人部门经理面试时，充分利用科技手段，你就能更轻松地确认相关信息。

---

① Upwork 和 Fiverr 都是比较知名的自由职业者招募平台。——译者注

你要创建自动提醒功能，提前确认面试安排，还要安排好与候选人和用人单位做面试准备的时间；为了避免出现候选人"敷衍"的情况，你要在面试当天上午致电候选人，最后回应他们提出的问题。这样可以避免用人单位打来可怕的电话，质问你："候选人在哪里？"

3. 这一职位空缺给公司带来了哪些问题？这个问题有助于你了解填补职位空缺的紧迫性。当涉及多个职位空缺时，通常要优先考虑与公司创收相关的职位，除非其他职位空缺引发的问题成本更高。每天工作结束，开始做第二天计划时，你要把招聘和联络重点放在这些优先职位上。这样，你就能安排更多的面试，为优先级较高的职位提供人才。不仅要运用技术手段来安排和确认面试，还要打电话跟进。

如果你是第三方招聘人员，你要重点处理工作订单、合同，以及你拥有独家代理权或者对方已经支付预付金或定金的临时工作。其次，处理属于自己专长的或者具备相应人才网络的职位空缺，或者处理有预定完成日期和明确面试时间的职位空缺。最后再考虑多家招聘公司都参与的职位空缺、要求"完美"人选的职位空缺，以及招聘流程漫长到会导致候选人流失的客户的需求。

你需要与用人单位保持步调一致，共同确认优先事项。每周五，你都要向他们汇报招聘的最新情况，这也表明你正在积极吸引顶尖人才。通常，如果你向他们讲明招聘中遇到的具体困难，用人单位也有可能会修改职位要求，这样你就能更好地完成招聘任务。

将问题视为机遇

当你面对问题时,你的自尊心、工作动力和积极态度都会受到考验。这时,你不是担心会不会有问题,更多地是担心问题何时会出现。你必须保持最佳状态,因为每时每刻候选人和客户都在密切关注着你。

应对棘手的用人部门

如果你是一名人才招聘专家,你需要始终与自己所在公司的用人部门保持密切的互动。每个用人部门都与招聘人员打过交道,虽然你可能不清楚此前的合作是好是坏,但这些经历会影响到你们之间的合作方式。如果其他人才招聘专家或招聘人员告诉你,某个用人部门很难对付,你也不要轻易下定论。通常,用人部门难合作是因为他们压力过大:他们知道工作必须按期完成,可团队还没有组建成形。如果能帮助他们减轻招聘负担,你就能与他们建立起联系和信任,成为良好的工作伙伴。

要想与用人部门建立良好的合作关系,首先,你要给对方提供一份书面清单,列出他们对候选人所有的期望和要求。一旦你将关注点从问题转向寻找解决方案,你就能有所收获。用人部门审查从搜寻、招聘、筛选、面试到推出候选人的整个流程,就会明白你是从他们的角度出发开展工作的。提供书面期望清单对那些刚刚接触聘用流程的新手来说也是非常有帮助的。

与此同时,为了更有效地开展工作,你还要列出需要用人部门做哪些配合。例如，你需要他们提供面试时间和计划完成日期，同时还要说明这样做是为了明确启动聘用流程的时间。我发现，如果你向当事方寻求帮助，他们提供的解决方案往往比你自己想的更容易实施。你还一定要告诉他们，会在每周五下午致电，告知最新招聘情况，这样他们才会明白接听你的来电是有益于他们的。让用人单位了解你所做的工作可以让他们更愿意修改某些职位要求，这样可以消除招聘中出现的某些障碍。

如果你是第三方招聘人员，你的收入取决于你能否成功填补职位空缺。如果你与客户的关系不融洽或彼此缺乏信任，你就要考虑将业务转交给其他招聘人员。如果你虽多次搜寻仍然没有成功招聘到人才，你可以选择放弃或者在为该公司招聘下一个职位时要求公司提前支付预付金或定金。

应对难缠的候选人

如果你觉得候选人很难合作或遭到他们的拒绝，那往往是因为他们不了解你能给他们带来怎样的好处。你必须明白，他们不是拒绝你这个人，只是不接受你所说的话。如果你能提供很合理的职业变动机会，大多数在职人员都是愿意听一听的；如果你能抓住每个候选人最关心的点，就会更容易招聘到顶尖人才。

当然，也可能有一些候选人不尊重招聘人员，把你提供的工作机会当成与现雇主议价的手段。这种情况让人沮丧，是在浪费你的时间。如果候选人从一开始就很难合作，经常缺席面试或拒绝提供你需要的信息，就没有必要再继续了。随着聘用流程推进，他们只会表现得更糟糕，几乎不可能成功就职。你要把时间和精力投入到能与你建立融洽关系、值得信任的候选人身上。

让自己负起责任

关键绩效指标和初次致电数量

为了实现平衡的招聘方法，你必须了解衡量招聘人员业绩的关键绩效指标（KPI）。一个常用的 KPI 是初次致电数量，其影响因素包括态度、专业能力、经验、已建立的网络、热情和韧性等。初次致电数量会随着搜寻、招聘、面试和职位匹配能力的提高而下降，这意味着你知晓了该致电谁以及如何致电。初次致电数量能准确反映要想完成或超额完成目标，你每天需要取得哪些成果。

下面我用实例来说明：如果一个职位完成招聘需要安排 3 次面试，每周你需要成功招聘两个人，那么每周你就需要与用人部门经理安排 6 次面试。接下来，你需要了解在面试之前你会为每一个职位筛选出多少名候选人。例如，如果你为每一个职位筛选出 3 名候选人，那么你每周就需要安排 18 次面试，即每天安排 3~4 次。这样，你就可以推测出要将工作重点放在哪一块了。

周评的积极作用

为了在矛盾的优先级、干扰因素、各种问题及候选人和用人部门之间获得平衡，你可以试试以下方法让自己保持正确的方向，对自己负责。你可以在每周五下午 4:00—4:30 放下手中的工作，利用这 30 分钟的时间从外部顾问的视角评审你过去一周的工作。

评审过去一周时，你要问自己三个关键问题：

1."这周我做对了哪些事？"换句话说，你做的哪些事情带来了那 80% 的成果？在接下来的一周里，这些工作要再接再厉。

2."我在哪些方面浪费了时间？"你是否面试了永远不会被聘用或者安置的候选人？是否反复查看了同一封电子邮件？如果是，你要立即停止这些行为。

3."我实践了哪些新的想法来提升工作业绩？"我希望你能够采纳并实践本书提到的建议。

每周评审工作情况，你可能会发现某一周不尽如人意，但却可以避免整个月或整个季度业绩下滑的情况。这样，你就能每周考察自己是否工作尽责，每个月都鼓励自己去实践新的想法。

我们要经过 21 天的持续努力才能摒弃旧的无效习惯，养成新的习惯。如果一次性尝试太多新想法，你可能会一无所获；如果每个月只尝试一个新想法，则会收获更好的成果。

把未完成的目标放到以后完成（适用于第三方招聘人员）

让自己负起责任，另一个关键策略是不要放弃业绩目标。如果你某个月未能实现目标，就要算出未完成量，并将其分摊到剩余的月份完成。这样能极大地提高你持续实现目标的能力。

拥抱变化

> 唯有变化是永恒。
>
> 赫拉克利特（Heraclitus）

招聘行业离不开候选人和用人单位发生的变化——如果没有人离职，公司又何必招聘呢？如果候选人对当前公司很满意，一直干到退休，又怎么会寻求我们的帮助呢？

客户和候选人是招聘行业的基础。我们一定要随时了解客户公司和候选人都在经历些什么；我们一定要阅读他们所读的商业或行业出版物；与他们交流时，要仔细聆听他们提到的变化和行业趋势；你可以加入与自己工作领域相关的行业或职业协会，了解行业趋势。

招聘行业不仅受其他行业变化的影响，其本身也不可避免地因工作场所的人口结构和技术的变化而发生改变。每天都有1万名"婴儿潮"一代的员工退休，同时又会有1万名"千禧一代"和"Z世代"的员工进入劳动力市场，这一数字仍在不断增加。实际上，到2020年1月，"千禧一代"已经占据了劳动力数量的50%以上。到2025年，他们将占劳动力数量的75%。于是，招聘人员搜寻顶尖人才的地点和方式也随之发生了改变。如果你希望吸引"千禧一代"和"Z世代"的技术精英，你就需要光顾他们所在的网络平台和数字空间。

此外，技术的进步使许多以前由人工完成的工作实现了自动化。这就催生了"临时工"，甚至影响了"雇员"一词的含义。许多公司正在接受一种新的劳动力模型——由全职的直接聘任员工（全职受薪员工）与灵活用工或合同工共同完成任务。雇主可以利用合同工快速扩大劳动力规模，完成重大项目；必要时，还能快速缩减员工队伍。他们还发现，当核心员工与合同工一起工作时，核心员工的留任率会增加。这些合同工通常拥有项目所需的专业技能，能够支持核心员工的工作。

到 2020 年，美国有超过 50% 的劳动力不再按照每周 40 小时的传统模式工作。与以往相比，有更多的候选人选择成为合同工、独立合同工、临时工、在线工作者或自由职业者；也有一些人选择为 Upwork、Fiverr 这样的公司工作，或者有其他的工作安排。这一趋势影响了公司采用的招聘人员的形式——他们需要确定，是采用内部人才招聘专家，还是利用第三方招聘人员、合同招聘人员或离岸团队来完成招聘工作；这一趋势还影响了招聘人员搜寻候选人的场所。因此，你作为招聘人员，一定要预测趋势并适应变化，否则就会在激烈的竞争中一败涂地；你不能一味地固守陈规，还期待会有更好的结果；此外，你还必须适应最新的技术，调整自己，走出舒适区。只有这样，你才能在职业生涯中不断成长。

高科技工具是聘用流程中不可或缺的一部分，但人与人之间的联系和高接触因素也同样重要。自动化工具能够帮助搜寻候选人、评估、安排面试，并向候选人提供最新信息。例如，加拿大麦当劳是第一个使用色拉布（Snapchat）社交媒体平台进行招聘的公司，他们推出了"色拉布应用"（Snapplications）活动，这是为期一天的在线招聘活动，求职者可以通过色拉布直接申请麦当劳的工作。

尽管技术手段很实用也很高效，但它终究只是一种用来支持和加强人类互动的工具。候选人与招聘人员及用人部门之间的关系，决定了候选人的求职体验是积极的还是消极的。恰当地使用技术并叠加高接触的招聘关系，有助于提高你推出的人才的长期素质，这无疑会对你的成功产生积极影响。

总结

你是招聘、面试和聘用流程中最重要的资产之一。本章讨论了你在此过程中面临的诸多挑战，以及你要如何运用高科技和高接触的招聘方法来处理这些挑战。

你学会了如何平衡相互冲突的优先级，如何处理棘手的候选人和客户，如何有效地应对来自用人部门的反对意见，以及如何解决问题。此外，你还了解到技术将如何继续影响招聘工作，以及你为什么一定要在整个职业生涯中学会迎接变化。

要在招聘行业获得巨大成功，你需要保有正确的心态和积极的态度。你一定要将问题视为机会，有效地应对棘手的用人单位或候选人。面对冲突的优先级，你要有效地管理时间，对用人单位、候选人和自己负责。同时，你还要培养应变能力去迎接招聘行业不断的变化和发展。

要点回顾

- 作为一名招聘人员,保持积极的态度是取得成功的关键。
- 制订计划,善于管理时间。
- 制订计划是解决时间管理问题的有效方法。
- 如果你刚开始制订计划,一定要连续 21 天专注完成 6 项最重要的工作任务。
- 找出最为重要的 20% 的工作,因为它们将带来 80% 的成果。
- 安排更多的面试是填补职位空缺的关键。
- 每天查看并恰当处理邮件的次数不要超过三次。
- 首先处理最困难的任务,以提高工作效率。
- 与候选人和客户一起工作时,要全身心投入。
- 将一天划分成不同的时间段,可以有更多产出。
- 根据空缺职位的作用,有效确定搜寻的优先级。
- 为热门的空缺职位优先安排面试。

HIGH-TECH
HIGH-TOUCH
RECRUITING

第 **9** 章
第三方招聘人员如何推销自己的服务

How to attract and retain the best talent
by improving the candidate experience

当前劳动力市场以候选人为主导，全球人才竞争激烈，找到工作投入且长期留任、不离职、不会因此给公司带来经济损失的候选人，对于公司来说是一种挑战，因此公司对第三方招聘人员的需求也在日益增加。公司逐渐认识到，招聘人员会联络那些不主动阅读在线招聘信息或招聘广告的候选人，形成被动候选人网络。因为公司更愿意与专门招聘他们所需的特定类型人才的招聘人员进行合作，所以大多数招聘公司都会专注于某一特定行业或细分市场。事实上，公司即使拥有自己的人才招聘团队，也常常会利用外部招聘公司来协助其填补特定职位，尤其是临时职位或合同职位。与公司内部招聘人员不同，第三方招聘人员必须依赖他们的专业能力去锁定最佳客户，与之签订合同，为空缺职位招聘到顶尖人才。因此，第三方招聘机构的成功在很大程度上取决于他们吸引和留住最优质客户和候选人，并与他们建立长期稳固关系的能力。换句话说，第三方招聘机构的成功离不开高科技和高接触的方法。

在本章中，我会说明客户对你的收入、声誉以及成功所带来的重大影响。你还将了解如何确定专业领域、构建收入模型，如何改变人们对第三方招聘人员的看法，以及如何让自己在竞争对手中脱颖而出。你还将学会如何向客户说明使用你的服务所带来的好处，以及如何面对拒绝之词。同时，你还将了解为何要不断提升客户关系，以及客户使用你的服务会给你带来的回报。

如果你正从公司内部招聘人员转型为第三方招聘人员，那么现在你就要学会如何去吸引最优质客户。第三方招聘人员和内部招聘人员不同，不会再有用人部门一定要采用你的服务。你可以参考我提供的文本材料，结合自身特点，慢慢学会如何应对客户的拒绝。后面会重点讨论这方面内容。

如果你刚刚入行，尚未加入任何招聘公司，那么首先，你要选定某一行业或细分市场作为你的专业领域。你当然希望能选择一个人才需求量大且供应小的领域，那么你要先去广泛阅读相关文章、浏览招聘广告、网站公告以及有关增长最快职业的媒体报道。这些信息会告诉你，哪些领域可以让你最好地发挥推出顶尖人才的能力。

专于某一细化市场在客户和候选人看来是一种市场优势，他们会将你视为专业人士。你可以选择主攻食品服务行业，也可以选择为各行业提供人力资源专门人才，无论怎样，你的目标应该是成为该领域的顶级专家，拥有最优质的人才和客户网络。这样，客户才更愿意支付全额费用或让利更多，候选人也希望能接触你的客户，因为这意味着接触到那些备受欢迎的公司。

如果你是第三方招聘人员且已经加入了不错的招聘公司，你肯定希望建立年度收入模型，确保你的招聘工作切实有效。你和你的经理应该一同审查行业动态、职位名称、工作地点、录用时间、利润率、以及过去两年公司安置的候选人的留任率。科技手段和申请人追踪系统可以帮助你收集这些信息。通过研究过去18~24个月内你填补的职位（包括临时工和合同工）以及成功安置的职位（直接聘用），你就能够确定应在哪些方面、以何种方式加大工作力度。此外，你还需要主动联系那些不经常联络的老客户，通过调研找出那些正在积极招聘、可以成为潜在客户的公司。

当你联系潜在客户时，一定要让他们感到你对他们所在的行业非常熟悉，这就是你一定要学习行业趋势和相关统计数据的原因。你可以通过搜寻行业协会、阅读他们的网站和出版物去了解行业趋势、行业前沿和常用术语，让自己的谈吐更像内部人士。许多协会还会公布他们的会员名单，你可以从中找到更多潜在客户。你还可以参加能够见到潜在客户的活动。如果可能的话，你可以加入专业协会成为附属会员，并主动请缨协助会员委员会开展工作，这样做也可以帮你找到潜在客户。

如果你感觉自己已经可以从容地接触潜在客户，下一步就要在具体的目标公司中找到恰当的联系人。谁会是恰当的联系人，取决于空缺职位的高低以及公司的规模，所以要具体情况具体分析。在联系客户之前，你可以通过技术手段先对用人单位展开调研；同时，永远不要低估与用人部门直接对话的作用。任何部门都可能有目前员工表现不佳的职位，只是还没有提交用工需求申请或没有通知人力资源部门而已。

我们必须认识到，大多数潜在客户都曾与第三方招聘人员有过合作经历。他们过去可能以候选人的身份与招聘人员有过接触，但未能找到合适的工作；或者，他们可能曾利用招聘人员来填补职位空缺，但同样未能取得满意的结果。所以，你一定要先了解我下面介绍的潜在客户对招聘人员可能持有的看法，但更重要的是，你必须采取行动来改变这些看法。虽然我个人对其中的大多数看法并不认同，但我认同与否并不重要，重要的是你的潜在客户认同这些看法，那么在他们眼中事实就是如此。如果能遵循下面的一些建议，你就有机会扭转这些不利看法。

在潜在客户看来，第三方招聘人员很可能：

● "在与我们联系之前，对我们的业务一无所知。"

随着互联网信息的丰富，招聘人员再也没有理由进行毫无内容的电话推销。你可以轻而易举地为每个潜在客户设置谷歌提醒，查看他们的网站，阅读相关新闻和媒体材料，并在领英上与客户公司过去和现在的员工建立联系。此外，你还要查看联系人的领英简介。

下面我要举一个招聘人员未展开任何调研的例子，我公司每年1月都会遇到这样的情况。我的公司 HR Search 每年1月都会接到招聘人员的电话，推销拥有报税经验的候选人。每次我们都会告诉对方，我们自己就是一家人力搜寻公司，但对方仍然持续地打电话推销候选人。这表明他们既没有做好准备，也没有认真倾听。

如果你能充分了解情况后再打客户开发电话，你就能在竞争中脱颖而出。

- "用招聘广告上公布的电话轰炸我们。"

这是我在与用人单位或人才招聘专家沟通时听到最多的抱怨。他们会问："我刚刚花了几千美元做了招聘广告，还有必要用第三方招聘人员吗？"潜在客户更愿意与把他们视为理想客户的招聘人员合作，这些招聘人员会展示他们的个性化品牌和差异化优势，还会说明利用其服务的好处。他们的目标不仅仅是那些刚刚刊登过招聘广告的公司。

- "只会推出那些可以通过招聘广告吸引到的候选人。"

公司在广告上投入了数十亿美元，所以他们不希望你推出招聘广告能够找到的那批候选人。他们更期望你能推出那些目前有工作、有成功经验，占据人才库85%的被动候选人。客户常常会问："招聘人员什么时候开始不再积极招聘了呢？"建立被动候选人网络是非常重要的，因为客户更愿意雇用这样的候选人。

- "一旦出现问题，就逃得无影无踪。"

有问题发生时，你应该以最佳状态应对，但是在许多用人部门眼中，你并没有这么做。你应该专注寻找可行的解决方案，而不是被问题所困。比较好的做法是向用人单位寻求解决方案——往往你会惊讶于解决一些基本问题可以如此简单。遇到棘手问题时，客户更会密切关注你的解决方案。你一定要做到提出的解决方案不仅能解决问题，还能让他们惊叹不已。

一次由于飞机延误，我深夜才抵达酒店，却得知无法入住我事先预订的大床房或带浴缸的房间。酒店为我端来一杯咖啡，我拒绝说自己只喜欢喝茶。在我入住打开行李的时候，他们贴心地送来一壶热茶，各种奶酪、水果和饼干，以及一封致歉信。事后我写了一封感谢信给酒店总经理，并在网上给了酒店很高的评价。这就是让客户"惊叹"的经典事例。

- "没有花时间去了解我们所面临的挑战。"

客户愿意购买你的服务，但讨厌被推销，尤其讨厌你急于推销自己的服务。所以你在推销任何东西之前，一定要深入了解潜在客户面临着哪些挑战。只有这样，你才能提出切实可行的解决方案。

- "如果我们提出反对意见，他们就立刻爹毛。"

正因为这样，客户淘汰候选人时，通常只会反馈说"你的候选人不合适"。实际上，这种回答不利于你调整搜寻方向。为了解决这类问题，你可以这样问客户："我的候选人有哪些不足？我不想浪费你的时间，我想从你的角度出发，调整我的招聘工作。"

- "认为我们每个客户都是一样的，没有区别。"

如果有客户称你为"你们这些人"，那么这个客户很有可能认为所有第三方招聘人员都一样。如果想取得成功，你就要展现出自身特点，这样你才能脱颖而出，留住最优质的客户。

- "甚至无法应对特别简单的拒绝。"

我的潜在客户告诉我，他们可以仅凭两三句话就能让95%的第三方招聘人员挂断电话；他们还惊奇地发现，从此之后这些招聘人员就彻底消失了，所以很好奇这些招聘人员到底想不想做生意。稍后我们会具体介绍潜在客户可能会如何拒绝，并提出哪些意见，我们应采用哪些应对策略。如果学会如何去应对这些拒绝和意见，你就能改变潜在客户的既有观念。

- "不会说实话，不值得信任。"

这一点最让我难过。实事求是是我们的道德和伦理责任，只有这样，我们才能获得信任并以此为基础与客户建立良好的关系。你要通过实际行动向客户证明，自己是真诚的、值得信赖的。

- "只是我们众多供应商中的一个。"

当你与新客户第一次合作时，他们可能只把你当作供应商。如果他们见识到你推出的人才的水平，成功地通过你招聘到合适的人选，这种工作关系就有可能升级为可信任的顾问关系。

建立客户开发流程

向新的潜在客户推销你的服务，需要一个过程。你一定要遵循成熟的、可预测的销售流程，并结合你自己的特性和销售风格。与客户首次接触并建立联系可能需要一些时间，因此在最初的9周内，我建议你与潜在客户接触6次，让他们熟悉你的名字，同时务必在申请人追踪系统中记录每一次接触的情况。我建议你同时使用电话、电子邮件、短信和直接邮寄信息等方式联系潜在客户。与潜在客户交谈时，你要询问他们尊重什么样的竞争对手，以及最难吸引到哪类人才。要想与新客户安排面试，一个非常有效的方法是从他们的竞争对手或稀缺人才中推出候选人。

要尽量安排与潜在客户进行面对面的会谈，这样才能建立联系，了解并确定他们的优先级，以及感受公司文化。客户人员流动大，因此你一定要为每个客户发展多个联系人。开发客户需要决心、专注和韧性，你肯定不希望因为失去某个联系人而失去这个客户。

如何接触潜在客户

在与潜在客户接触时，你只有短短的几秒钟来让他们记住你。虽然每个招聘人员都说自己与众不同，但问到有何不同，大多数人的回答都一样。要想突出自己、吸引新客户，你可以采取以下几个策略：

1. 提出问题

如果不希望自己听起来像个菜鸟招聘人员，你就不要问"你目前有什么职位空缺吗？我可以帮你寻找合适人选"。这样做过于直接。大多数招聘人员犯的最大错误是过于急切地推销他们的服务。你应该在开始推销之前，先询问客户遇到了哪些困难，然后再提出开放式的问题，获取信息，找到客户在招聘方面所面临的挑战。

2. 将自己定位为专家

你要大量阅读、了解并能预测会影响客户群的行业趋势。客户渴望知道持续迅猛发展的科技将会如何影响他们所在的行业或职业，他们需要相应地做出哪些改变，以及未来技术将如何影响他们和他们的员工。

3. 分享你的业绩记录

你创造的成功业绩只属于你，是你的竞争对手不曾拥有的。潜在客户会查看你的领英资料，了解你的成功业绩以及你的业绩给客户带来的影响。如果你曾帮助其他客户成功雇用和留住顶尖人才，就要在领英及其他宣传资料中分享这些业绩。即便你是个新手，还没有取得个人业绩，你也可以分享团队的成功故事。

4. 提供客户期望清单

因为每个招聘人员有各自的销售和客户发展流程，所以潜在客户通常不清楚招聘人员可以提供哪些服务。为了消除困惑，你要给潜在客户提供一份书面的客户期望清单。清单概述了他们能够从你那里获得哪些服务以及他们需要做哪些配合，共同努力招聘到能立刻决定聘用的人才。

学会如何让自己与众不同之后，我们要开始去接触潜在客户了。大家可以参考以下四个我在开发客户时用过的成功案例脚本，根据自身特点和风格修改，使其更符合你的要求。

> 脚本 1：和客户对话时，不要询问他们是否愿意面谈（这样会给他们拒绝你的机会），而是要将谈话重点直接跳到如果想最大限度地满足他们的需求，你应该如何给他们演示、介绍你的工作。你可以说：
>
> 为了更好地了解您的关注点，我想和您见一面，讨论您的人员配置需求。您更希望我采用哪种演示方式？

通常他们会说"用你们常用的方式就可以"。这就意味着你已经成功地安排了首次客户拜访。

脚本2：你要利用从网上获得的空缺职位的信息，询问客户你可以做些什么。这样你就能找到他们的担忧点和困难所在，明确努力方向，让自己成为提供解决方案的人。

我了解到您目前在以下领域有人员配置需求（列出职位）。您在这方面有哪些担忧或遇到哪些问题需要我协助解决？

脚本3：很可能有其他招聘人员接触过你的潜在客户，你如果想让自己与他们不同，就不要急于推销自己，而是先和客户讨论他们最看重什么，再利用这些信息更好地回应他们的需求。

当您考虑用人员配置公司来帮助您找到顶尖人才时，您最看重的是什么？

脚本4：如果你发现潜在客户目前没有任何职位空缺，你要让他们看到，未来你可以提供哪些帮助。然后你要关注他们的回应，这样你就能为他们量身定制可以推销给他们的候选人。

着眼于公司的未来发展，您认为哪种类型的人才会成为公司招聘的最大挑战？如果我遇到符合这类要求的人才，是否可以与您联系？

应对客户的拒绝

一旦开始与潜在客户接触,你就会听到客户的拒绝。打销售电话就要学会应对这些拒绝,否则你打的就是客服电话了。客户开发不会带给客户即时满足,它是需要耗费时间和努力去建立关系的过程。

在面对客户的拒绝时,不要感到气馁。你要将它视为客户在要求你提供更多信息或有可能愿意接受你的服务。毕竟,如果他们真的完全没有兴趣就会直接挂断电话。

下面我会列出最常见的客户拒绝,并给出建议来帮助你有效地应对这些拒绝理由:

"我们不用第三方招聘人员。"

客户知道如果这样说就会让大多数销售人员挂断电话。但实际上你可以继续问一些开放性问题,了解潜在客户正遇到的问题和困难,这样你就可以为他们提供解决方案。例如,你可以问:

- 您认为哪些职位最难招到合适的人?
- 您填补这些职位需要多长时间?
- 展望未来的12个月,哪些候选人对贵公司来说是最难吸引的?
- 如果采用我们的服务,贵公司将会大大增强吸引顶尖人才的能力。您能告诉我应该和谁联系吗?

- 当我联系此人时，可以提到您的名字吗？

"我们公司正在裁员，不招人。"

这种说法可以有效地推迟使用你的招聘服务。对此，你可以这样回应：

- 我们的许多客户都在削减边缘员工，但是他们仍在招聘顶尖的专业人才。您认为贵公司最难吸引哪类人才？
- 贵公司是否有马上要启动的项目需要专业人才或临时/合同人员？我们可以联系到优秀的合同工。

"我们有获准供应商帮我们填补所有职位空缺。"

许多招聘人员听到这句话就会立刻挂断电话。确实，客户很有可能不愿意费事再批准另一个供应商，但是你还是不应轻言放弃，你可以这样回应：

- 我第一次与我的顶级客户联系时，他们也说了同样的话。我还是逐步成了他们获得顶尖人才的主要渠道。我希望我也有机会为您提供服务。
- 我们的目标是成为您信任的顾问，但我们知道，首先我要成为获准供应商。为此我们需要做些什么？
- 我们专注于推出优秀的顶尖人才。贵公司有哪些难以填补的职位空缺，我们也许能够帮得上忙？

● 多一个招聘人员帮您招聘项目所需的拥有稀缺技能的专业人才，会不会对贵公司更有好处？

"我们目前没有任何职位空缺。"

客户可能目前没有职位空缺，但他们没有意识到，如果你清楚他们的优先级和未来需求，你就可以为他们主动推出顶尖人才。你可以用以下方式给出很好的回应：

● 贵部门是否缺少某种人才或技能？
● 未来贵公司的聘用工作会遇到哪些重大挑战？
● 您知道有哪些同行正在招聘人才吗？
● 您有想提拔的员工吗？
● 如果您不雇用合同工，很可能会人员超编。

"给我把简历发来吧。"

在了解客户需求之前，绝对不要把有候选人联系方式的简历发给他们。

● 需要对职位空缺有全面了解，才能不浪费您的时间，给您推送合适的简历。

"你能延长招聘保证期吗？"

招聘保证期要求招聘人员与候选人保持密切联系，即使在候选人入职后也是如此。基本上，如果在保证期结束前招聘人员推出的候选人决定离职，招聘人员将承担责任。通常行业标准规定保证期为90天，但客户有可能提出延长保证期的要求。你可以按照以下方法应对：

- 我们推出的大多数候选人都是在职人员，有成功的业绩。这可以让贵公司在较短时间内确定是否雇用他们。
- 合同工为您工作，相当于工作面试。您有机会观察他们的工作表现，然后再决定是否把他们转为直接雇用员工。

"难道我的电话在什么名单上吗？这周我已经接了三个招聘公司的电话了。"

如果你的目标行业正在经历快速的增长和变革，那么你的竞争对手为了拓展业务，可能都已经接触了你的客户。要表现得与他们不同，你可以这样做：

- 我们推出的候选人都是行业精英，同时我们也希望能推出最优秀的公司。这是对您本人和贵公司的一种赞誉。

- 实际上，我希望为贵公司服务的原因如下：（说出你调研得到的信息）。
- 贵公司是否有一个难以填补的职位空缺？为了考察我们吸引顶尖人才的能力，您可以把它交给我们完成。

"我们已经打出招聘广告了。"

公司在招聘广告上投入了数十亿美元，可是广告针对的主要是正在找新工作的人群，这仅占所有符合条件候选人的15%。作为招聘人员，你要关注剩下的那85%的合格候选人，即那些没有积极寻找新工作的被动候选人。为了向客户说明你作为招聘人员可以给他们带来更多的价值，可以这样说：

- 您是否意识到，贵公司的招聘只局限于那些正在积极寻找工作的候选人？这种招聘方式会让贵公司只能接触到那些浏览广告的候选人。
- 我们有招聘广告无法触达的优秀候选人网络，他们代表着一些最优秀的人才。
- 贵公司想接触到目前正在工作、有成功经验，虽然没在积极寻找工作但会考虑更好工作机会的候选人吗？我们有办法进入这个隐藏的候选人市场。
- 我们不通过招聘广告搜寻候选人。我们可以让贵公司雇用现成的顶尖人才，而不是那些正在积极找工作的人。多一个候选人做比较不好吗？

每遇到一种新的拒绝，你都要记录下来，通过模拟角色扮演找到应对办法。你一定不想让客户的拒绝成为阻碍你成功的绊脚石。

签订可以完成的业务订单

你既然克服了上述困难，成功地让潜在客户变成了客户，接下来，你就要确保能真正地满足客户的期望。招聘人员经常会刚接受一个工作订单，挂断电话后马上抱怨说："这个订单太可笑了！这个工作没法干，不可能找到合适人选！"你的成功不在于你签了多少工作订单、多少合同或临时工招聘任务，而是在于你完成了多少业务，成功找到了多少顶尖人才，填补了多少职位空缺。

客户往往会提出一些看似不可能实现的要求，这在招聘行业被戏称为"紫色松鼠"或者"完美人选"，即那些几乎不可能存在的理想候选人。为了避免不切实际的期望，你应该和客户就工作订单、合同或临时工作的职位要求达成一致。如果客户提出不切实际的要求，你要清楚地解释需要调整或删除哪些职位要求才能成功填补职位空缺。这样的沟通也会凸显你作为劳动力/工作场所专家的地位，让你明显不同于那些签订了业务订单却没有招聘或没有完成招聘的人。

"可完成"订单的12个特点如下：

1. 要在你的专业领域内找到机会。只有保持在自己的专业领域内，你才能像过去一样成功地安置候选人或填补职务空缺。否则，你无法多方面地利用候选人或客户资源。

2. **客户愿意提供职位的具体细节**。如果客户未提前告知你职位相关细节，他们很可能不会对你提交的候选人或安排的面试给予反馈。你要时刻回应客户提出的"这对我有什么好处"这一问题，要让他们明白如果提供每个职位具体的职位描述，包括绩效目标等，会给他们带来什么好处。

3. **对工作机会有清楚的了解**。在开始招聘之前，你一定要对工作机会有清晰的了解。为确保理解准确，你可以在首次招聘前提出演示聘用流程。当客户从中了解到你是如何展示他们的公司和工作机会时，他们通常会愿意提供其他信息给你，帮助你改进招聘演示。

4. **客户愿意向你提供职位招聘的预计完成日期**。你要询问填补该职位的具体预计完成日期，一定不要接受诸如"越快越好""立即"或"昨天"这样的回答。如果你想完成业务订单，时机对于你、你的候选人和客户来说都至关重要。

5. **你能清晰地感受到这一职位空缺是客户的痛点**。职位空缺只有成为痛点才会让客户产生紧迫感。如果目前该工作有其他人承担，客户大可不必为此支付额外的工资。大多数雇主只有在出现问题时，才会录用新人。

6. **面试流程安排合理**。最佳候选人很可能同时还与其他招聘人员接触，或者自己找到了其他工作机会。你要向客户明确这一点，确保招聘过程顺利进行。

7. 客户了解反馈的重要性并能够与你有效地沟通。获得反馈有助于你调整候选人搜寻方向，同时也给候选人提供重要信息助其提升未来的面试表现。要想获得反馈，最简单的办法就是询问客户参加面试的候选人有哪些不足之处，并向客户解释这样做是为了不浪费他们的时间。

8. 薪资水平与经验水平相称。你要审查过去所填补的职位，研究薪资调查报告，进而评估给出的薪资是否与所需经验水平匹配。如果你在美国从事招聘工作，你要知道美国很多州通过了薪资禁问的法令，禁止询问候选人的收入情况。但是你可以询问他们能够考虑的薪资范围。

9. 你有一份详细的福利项目清单。恰当的福利项目意味着你成功安置候选人的可能性增加。你一定要了解候选人目前的福利情况和保险相关费用，方便候选人与客户提供的福利做比较。即便客户给出更高的薪资，如果福利不合适，也可能导致候选人拒绝录用通知。

10. 客户在你的目标公司之列。如果该客户不是你的目标公司，你要保证它能满足你设定的利润范畴标准，而且是受到面试候选人认可的理想公司。当今劳动力市场以候选人为主导，你无法承受推荐声誉不佳的公司所带来的负面后果。

11. 你能与联系人建立融洽的关系。建立关系就要赢得信任。你不一定要喜欢你的客户，但必须能够与其建立融洽关系，进而取得信任。

12. 你拿到了面试时间安排。你要在客户答应安排面试后再承诺推出人才。很多时候招聘人员签了工作订单，开启聘用流程，可这时有其他招聘人员给客户推荐了候选人，客户就再也不联系你了。你要做的是发出邀请。如果你能事先要求客户提供面试时间，就是落实了发出邀请——我所谓的发出邀请是指候选人和客户之间的首次面试安排。

总之，接受无法完成的工作订单会损害你的声誉。你一定要向潜在候选人推出最具吸引力的客户，同时签订你的招聘团队能够完成的业务订单。你要将计划书发放到每一位参与者手中，确保大家步调一致。我在工作中发现，哪怕是长期合作的客户，我们都能从他们提供的直接报告中发现许多变化。因此，每次与客户交流时，你都应该首先询问："自上次谈话以来，有没有发生任何新的变化？"同时，每周五你要安排与客户通话，了解所有工作订单、合同工或临时工任务的最新情况。

提供定价方案

在招聘行业，采用高科技和高接触的方法是实现盈利的最佳途径，这不仅可以帮助你向客户推出最优秀的人才，还能使你成为他们的招聘顾问。客户相信你能够持续帮助他们发现并填补最关键的职位。

如果你刚刚开始工作，或者刚进入一个新的行业进行招聘，可能尚未取得良好的业绩，那么你可能需要与客户协商需要收取的费用。如何定价通常由你搜寻候选人的水平、客户的期望要求，以及客户的付款方式决定。表9-1中列出了四种主要的定价方案。

客户的支付方式往往会对你工作的积极性产生影响。

例如，如果客户希望在做出最终决定之前，一直拥有对所推出候选人的独占权，他们就要选择预付费搜寻服务或者某种介于后付费和预付费之间的、需要支付一些启动费或定金的服务形式。另外，如果客户想要激励原本采取后付费方式的招聘人员去填补较难搜寻的职位，他们可能会愿意支付预付费或者部分预付费、启动费，按小时数或候选人数量支付费用，或者提高收费标准。因此，客户的支付方式常常会决定招聘模式。

表 9-1　四种主要定价方案

类型	付费时间
后付费	候选人被聘用后
预付费	启动前先付 1/3
	30 天后或者按照事先商定，推荐了一定数量的候选人后再付 1/3
	招聘完成后付最后的 1/3
启动费/定金	事先商定支付比例
合同工/临时工	通常每周支付

● 后付费

如果客户希望候选人被聘用后再支付费用，通常会选择与采取后付费方式的招聘人员合作。按照这种方式，客户不会指定某一招聘公司提供专属搜寻服务，而是会与多个招聘公司合作以获取人才。此外，客户还可能会利用内部招聘人员。这种类型的服务涉及的职位薪酬通常在年薪 15 万美元以下。

在后付费服务模式中，招聘人员只有在确认候选人对工作机会感兴趣后，才会透露客户公司的名称。同样，招聘人员通常也不会告知客户为特定职位找到的候选人的姓名。因为这类服务不是专属服务，所以推给客户的候选人通常也可能被推给其他公司。大多数后付费的招聘人员会在每周五告知客户公司有关职位的最新进展，但他们通常不提供额外的书面进展或报告。在这种服务中，招聘人员在招聘完成、客户付款前是没有报酬的。

● 预付费

当涉及高层领导职位或高影响力的工作机会时，客户通常会选择使用专注于某一行业或细分市场的预付费搜寻服务。

在找到候选人之前，客户会支付一部分款项，通常是在启动前先支付 1/3 的费用，在推出预定数量的合格候选人之后再支付 1/3 的费用，最后的 1/3 则在成功聘用后支付。如果招聘人员没能找到合适人选填补职位空缺，那么最后 1/3 的费用就不会支付了。

为了吸引顶尖人才，此类招聘人员通常会告知候选人客户公司的名称。由于客户明确指定他们负责招聘，他们不必担心竞争问题。在预付费搜寻过程中，招聘人员会向客户提供包括候选人名字在内的所有详细文件。客户在决定放弃候选人之前，对候选人拥有独占权。根据预付费搜寻协议，在此期间产生的额外费用通常由招聘人员提供账单，客户在确认后支付。

● 启动费/定金

这是介于后付费搜寻和预付费搜寻之间的一种混合模式，是指搜寻工作开始时先收取一定比例的费用，剩余的费用则在候选人被聘用后才会支付。在考虑采用这种模式为某一工作机会搜寻候选人之前，你必须先对订单进行评估；你还必须做好准备应对客户对预付款项的反对意见或犹豫态度。你要向他们强调采用这一模式会带来的好处。

- 合同工／临时工

许多公司利用外部招聘人员的服务去辅助其核心员工的工作。他们意识到，如果不利用临时工或合同工，就很可能造成人员过剩。招聘临时工或合同工相当于实际操作面试，往往在之后会产生直接雇用。

提升客户关系

作为第三方招聘人员，你的成与败既取决于你与候选人的关系，也取决于你培养客户关系的能力。如果客户觉得你没有把他们放在首位，就会停止使用你的服务。你需要定期向客户提供反馈，展示你的工作成果。如果你安置的候选人不能成为工作投入或长期留任的员工，你的客户就会转向你的竞争对手，使用他们的服务。

总结

本章介绍了如何锁定最佳的目标公司，告诉你如何脱颖而出，以及如何应对客户的拒绝。同时，你还学会了如何签下能够完成的业务订单，如何提升你与客户的关系，这样，你就能吸引那些能够助你取得最大成功的客户。

要点回顾

- 大多数招聘公司专注于某一特定行业或细分市场，因为客户更愿意与专门招聘他们所需的特定类型人才的招聘人员合作。
- 一定要了解潜在客户对你有哪些看法，学会如何改善这些看法。
- 通过研究过去 18~24 个月内你为所有行业填补的职位（包括临时工/合同工）和成功安置的职位（直接聘用），可以计算出你在每个行业或职业完成的业务量，从而选择看起来最有希望成功的细分市场和职位。
- 因为客户人员流动大，所以你一定要为每个客户发展多个联系人，以免因失去某个联系人而失去客户。
- 要想在竞争激烈的劳动力市场中脱颖而出，你就要专注于自己的业绩，提出问题，提供客户期望清单，将自己定位为招聘专家。
- 与客户打交道时，没有听过拒绝之词就不是打销售电话了。
- 要将客户的拒绝当作他们在要求你提供更多信息，或他们有可能愿意接受你的服务。
- 接受那些你无法完成的订单，可能会损害你的声誉。
- 确保推出对目标候选人最具吸引力的公司，签下你的团队能够完成的业务订单。
- 定价方案取决于你的搜寻水平、客户期望及客户的支付方式。客户支付方式通常会影响你的招聘动力。

- 采用高科技、高接触的方法是招聘行业盈利的最佳途径,这不仅能使你向客户推出顶尖人才,还可以让你发展为他们的招聘顾问。
- 预付费搜寻服务是一种高端定价模式,需要你在自己的细分市场中投入大量时间并掌握专业知识。
- 许多雇主利用外部招聘人员的服务去辅助其核心员工的工作。

后记

首先，我想祝贺你选择了招聘行业，这个行业每天都在改变人们的生活。我也想感谢你阅读我的书，非常高兴让大家了解到高科技、高接触的招聘方式是如何让每个人受益的。你们从本书中学会了新的技巧，如果能在日后不断完善自己的招聘技能，就可以积极地影响更多的候选人和用人单位。

你已经知道，为了提高自己的能力、招聘到最优人才，我们需要对招聘流程做哪些修改。你也了解了职位绩效目标的价值，在写职位要求时，不会只着重于职位对技能的要求，这样就会有更多的候选人入围。下次你可以在写职位要求的同时也向用人单位询问绩效目标，你会发现其中的妙处。

当你询问"在 6 个月或 12 个月后,您将会如何评判候选人是否取得成功?候选人必须要取得什么样的成绩",你就会发现,传统的技能清单和候选人真正需要实现的、意味着成功的业绩之间的脱节。了解到这一点,你就可以为更多的合格候选人安排面试,让他们有机会成为成功的、工作投入且能留任的员工。

这样,你也不必再担心合格候选人会因为不具备传统用工需求列出的技能中的某一项而被拒之门外,也不会再为此深感无奈了。如果有人采用了类似的做法,也许只是小小的尝试,但是你知道他们一定会成功的,因为这种做法真正地改变了游戏规则。但是这样做时,你一定要向用人部门解释清楚,提供绩效目标能给他们带来哪些好处。

你还了解到了采用多种方式进行沟通的重要性。除了短信、电子邮件和语音邮件,候选人如果发现你能帮助他们实现职业发展,就会愿意与你进行交谈。扪心自问,你是不是觉得发短信或邮件更让你感觉轻松自在?如果是这样,你就要给自己设定目标了。你应该要求自己在第三次接触候选人或用人部门时,安排一次面对面的对话交谈,这样可以大大提升你的能力,展开富有成效的对话。

为了更快地填补职位空缺,你可以利用手中掌握的资料,主动吸引占人才库 85% 的被动候选人。这比张贴广告和祈祷更有效,因为广告只能让你接触到 15% 的候选人,成本也更高。你可以提前建立顶尖人才网络,以备不时之需。因为这些候选人并没有在积极地寻找工作,所以其他招聘人员很少有机会推出他们。由候

后记

选人主导的劳动力市场特别需要第三方招聘人员的服务，如果你能做到积极主动，就会更快地完成招聘工作。

你过去可能就是一个有效的沟通者，但现在，你还学会了如何提出更多有洞察力的问题。不过在实践之前，我想问你一个非常重要的问题：阅读本书之后，你是否学会了更有效地倾听？

从本书中，你学会了要通过倾听去了解一个人，用他的眼睛去看世界，以便更好地为他服务。你还明白了你的工作不涉及同意或不同意候选人或用人部门的意见，你的工作只是要明确：候选人会接受什么工作机会，或者用人部门会毫不犹豫地聘用什么人。

试想一下，当你把目标锁定在那不看网站招聘信息或招聘广告的85%的人才储备时，会产生什么样的影响？你了解到要去主动吸引这些人才，因为他们往往有表现优秀的员工特有的优秀基因，是用人部门最想聘用的人。要想做到这一点，首先你要走出自己的舒适圈。我建议你先学习本书提供的脚本材料，慢慢融入自己的特色，形成自己的方法，然后主动接触被动候选人。

高科技、高接触的方法也改善了聘用流程和候选人的筛选方式，避免了情感因素和偏见所带来的影响。如果你再一次因为聘用流程耗时过长而失去一位优秀的候选人，你就可以借机向用人部门分享电话筛选和小组面试的好处。刚开始，你可能需要带头完成面试小组的创建、计分卡的设计和面试问题的敲定等工作，但从长远来看，这些工作会帮助你成功填补更多的职位空缺，安置更多的候选人。

接下来，你知晓了确定面试目的和主要目标的重要性。技术发展持续地影响着招聘行业，你唯一能确定的是要不断地改变，不断地改进你的面试方式。你可以问自己以下问题：你是否将做计划放在了首要位置？是否从用人部门那里获取了相关信息？是否在面试前就了解了面试官对候选人的评价标准？如果你做到了以上几点，就能够推出最好的候选人。

我们还谈到了时机的重要性以及科技对它的影响。你会震惊地发现，人们期望你能以极快的速度找到顶尖人才。但是，聘用流程涉及候选人和用人部门两方人员，你要做到预先锁定他们，进而统一他们的时间安排。如果你善于此道，就会让时机为你所用，而不是让它成为你的绊脚石。你还了解到，虽然你无法控制时间，却可以掌控在有限的时间内能完成多少任务，于是你学会了要充分利用时间。

为了避免意外事件的发生，本书还介绍了预先锁定、面试准备和面试后与候选人和用人部门进行总结的重要性。每次，当用人部门或候选人做出让你颇感意外的行为时，你都要重新审视整个聘用流程，看看你何时何地错过了哪些本可以避免这些意外事件的信息。

你工作非常努力，所以无法接受因为一些本可以避免的原因而导致录用通知被拒绝。本书介绍了如何发出让人毫不犹豫就接受的录用通知。拿到录用通知应该是对你工作的一种褒奖，而不该成为你的烦恼。如果你有效地预先锁定了双方人员，就会提前知道用人部门会发出什么样的录用通知，以及候选人愿意接受什么样的录用通知。如果你遇到录用通知被拒绝的情况，可以参照

后记

本书第 6 章的内容，实践其中给出的步骤，减轻录用通知被拒绝所带来的挫败感。

第 7 章的内容对我们能否取得成功至关重要。许多招聘人员在安置候选人之后就认为万事大吉了，但是高接触方法的关键之处就体现在这个阶段。技术手段的确可以让招聘后续流程自动化，但什么也没有你亲力亲为更为有效。如何评价你的工作，不仅仅是看你填补了多少职位空缺，而是看你所聘用或安置的候选人是否具有生产力，是否能够留任。

你可以参考第 7 章的内容，并实施其中最能与你产生共鸣的一项建议。你可以想象一下，如果你能完全避免候选人"敷衍"，避免候选人接受原公司议价以及惨烈的高离职率，那会是怎样的一番景象？很多时候，我们把这些行为视为候选人的不良行为，而实际上，你本可以采取一些行动来避免这些问题的发生。你要记住，当你把一根手指指向别人时，还有三根手指指向了自己。你要不断问自己："我应该做些什么来避免此类事情发生？"做到这一点，你就能在职业生涯中不断完善自己的招聘技能。

你还可以想象一下：如果你的候选人中有 40% 是通过举荐而来的，那会是怎样一番场景。这并不难办到，只要你能让候选人看到你对他们的关怀，兑现你的承诺，你就能获得他们的信任。如果你只是安置或聘用了候选人，并不和他们保持联系，他们就会觉得你不值得他们信任，自然就不会给你举荐任何人。

如果你尚未制订候选人举荐计划，那么现在就要抓紧机会，毛遂自荐展开这项工作。在你介绍自己的想法时，一定要说明：

建立一个结构化的、循序渐进的举荐计划，会让任何一方都受益。通常，那些你没有聘用或安置的候选人之所以会为你举荐人才，是因为他们希望以后可以从你这里获得帮助。

通过本书，你还了解到候选人的体验也决定了你是否能够取得成功。因此，你需要为那些并没有被聘用或安置的候选人提供资源，这些人可能占你所吸引的候选人总数的 95% 之多。你可以在不到 10 分钟内为你的公司建立一个定制的职业门户网站，重点是，你会感觉这是由你一手创建的。

第 8 章的内容同样关乎你事业的成败，因为它着重阐述了你本人在高科技、高接触的招聘方式中所发挥的重要作用。你学会了如何寻求一种平衡，保持积极的态度和日常的工作动力。本章讨论了如何平衡相互矛盾的优先级，如何应对棘手的用人部门和候选人，以及如何应对用人部门的拒绝，解决问题。第 8 章还解释了技术仍将继续影响招聘工作，你需要在整个职业生涯中学会拥抱持续不断的变化。

第 9 章是为第三方招聘人员所写的，讲述了如何有效地向目标客户推销自己的服务。第三方招聘人员没有公司内部用人部门使用他们的服务这个优势，所以这一章的内容对于从事第三方招聘工作的人来说十分重要。本章会教你如何选择细分市场，如何识别最好的目标客户，如何应对客户常用的拒绝之词，如何从一众竞争者中脱颖而出，以及如何签下能够成功找到顶尖人才、完成招聘的业务订单。你还将学习各种收费定价模式，以及将自己从供应商升级为可信赖的顾问或咨询师。

后记

最后,我还要与你分享我多年来获得的另一个教训。每次我读了一本好书、参加了一个会议或者看了某个在线培训,我都会感到动力十足,想尽快地、最大限度地实践这些内容,改变自己。然而,我们都受习惯所支配,养成新习惯需要 21 天,所以你只有通过不断地重复,才能让新的习惯取代当前的习惯。

出于这个原因,我强烈建议你从本书中挑选三件事情——仅仅挑选三件事情,每隔 21 个工作日,就实践其中的一件事,并对结果进行总结,然后再尝试实践下一件事。这样,才不枉费你为此书所投入的宝贵时间和金钱。

如果你想要确保能养成新的习惯,你可以找一个"责任伙伴"。他可以是与你一起工作并读过我的书的人,或者是你认识的任何其他正在努力提升自己的人。你的"责任伙伴"不一定从事招聘行业,但必须是正在努力奋斗于某一行业之中、希望有所建树的人。

你们可以彼此分享未来 21 天要付诸实践的第一个想法。21 天后打电话给对方,讨论所获得的成果。你要实践的想法必须是可以量化的,而不是诸如"我要改善我的态度"这样的想法,因为这很难量化。

因为有"责任伙伴",你就更有可能将新的想法付诸实践。面对 20 个新的招聘任务和最后期限逼近的压力,你很容易屈从于旧习惯。然而,如果你集中精力实践一种变革,同时还有"责任伙伴"陪同,事情就会容易得多。

你正处在历史上最好的时期,从事着最伟大的职业。我总是向我所遇到的每一个有才华的人推荐我的职业。欢迎你在领英上关注我，希望能听到你讲述自己的成功故事，期待回答你提出的任何问题。

  你的态度、目标和期望，极大地影响着你的选择。是选择接受新的技术，还是选择退缩到舒适区？想要更上一层楼，就要付出一定的代价，但是我向你保证，一切的努力都是值得的。我从事写作、培训和演讲的唯一理由，就是让我接触的人都可以体会到更大的成功。如果你能拥抱高科技、高接触的招聘方法，用人部门、候选人、你的同事和你本人，都会受益匪浅。